Gudrun Thiele

Prinzessin auf vier Pfoten

Gudrun Thiele

Prinzessin auf vier Pfoten

Langen*Müller*

Besuchen Sie uns im Internet unter
www.langen-mueller-verlag.de

© 2009 Langen*Müller* in der
F. A. Herbig Verlagsbuchhandlung GmbH, München
Alle Rechte vorbehalten
Umschlaggestaltung: Wolfgang Heinzel
Umschlagmotiv: mauritius-images, Mittenwald
Illustrationen: Hans Fischach
Herstellung und Satz: Ina Hesse
Gesetzt aus: 11/14 pt. Garamond BQ
Druck und Binden: GGP Media GmbH, Pößneck
Printed in Germany
ISBN 978-3-7844-3199-4

Für Niklas

»Gott schuf die Katze,
damit der Mensch einen Tiger
zum Streicheln hat.«
Victor Hugo

Inhalt

Ein Vorwort von Krümel selbst *9*

»Katzoologie« – Lektion 1 *11*

»Katzoologie« – Lektion 2 *16*

»Katzoologie« – Lektion 3 *20*

Kindheitserinnerungen *24*

Einzug ins Paradies *29*

Eine unbeschwerte Zeit *33*

Mein schlimmster Tag *37*

Der Ernst des Lebens beginnt *40*

Feuerwehreinsatz für die Katz *44*

Schicksalhafte Begegnung *48*

Meine Tage mit Flax   *52*

Meine Nächte mit Flax   *56*

Wieder allein im Revier   *60*

Der eitle Kuckuck   *64*

Macht es doch uns Katzen nach   *69*

Warum keine Mäuse vom Himmel fallen   *74*

Feng Shui zieht bei uns ein   *79*

Ein Poltergeist geht um   *85*

Zu guter Letzt – die Krönung meines
Katzenlebens   *90*

Ein Vorwort von Krümel selbst

Mit Goethes launigen Worten bin ich eine heruntergekommene Prinzessin aus dem Löwengeschlecht.

Viele Jahre lebe ich nun schon mit einer zweibeinigen Superkatze am Stadtrand von Berlin. Mein Revier erstreckt sich über Gärten, einen Reiterhof und grenzt an einen Wald. Für eine Katze könnte es idealer nicht sein. Ich führe – jetzt muss ich leider sagen führte – ein wunderschönes, meiner adligen Herkunft angemessenes, würdiges, sehr würdevolles Leben bis zu dem Tag, an dem ich begann, meinem Frauchen Gedanken und Erlebnisse zu diktieren. Ständig wurde ich korrigiert und musste hören: »Würde« wäre oder sei meiner Erzählweise nicht »würdig«!

»Krümel, denke an den ›Zwiebelfisch‹«, bemerkte Frauchen und hielt mir eine ausgedruckte Internet - Kolumne von Deutschlands hochgeschätztem Sprachpapst Bastian Sick vor die Nase. Lange hypnotisierte ich dieses Schriftstück. In der Ruhe liegt für uns Katzen die Kraft. Intuitiv kam die rettende Idee. Obwohl mir Fisch mit Zwiebel überhaupt nicht schmeckt – ich fresse lieber Fleisch – beschloss ich kurzerhand, den Zwiebelfisc h s amt seiner Kolumne genüsslich zu zerfetzen und nach und nach zu verschlingen. Das war ein Fehler – wie ich jetzt weiß. Der »Zwiebelfisch« lag mir schwer im Magen. Er verursachte Bauchweh und Magenkrämpfe. Selbst mein Tierarzt war ratlos. Jegliche verabreichte Medizin konnte meine Schmerzen nicht lindern. So besann ich mich auf ein Heilmittel von Mutter Natur. Ich fraß Gras. Na ja, was dann geschah, kannst du dir denken. Ich befreite mich mit vollem körperlichen Einsatz vom vermaledeiten Zwiebelfisch.

Trotz alledem habe ich die Lust am Erzählen nicht verloren. So entstand dieses Büchlein über mein Katzenleben.

»Katzoologie« – Lektion 1

Wie es sich für eine wohlerzogene Katze aus gutem Hause gehört, stelle ich mich erst einmal vor. Mein Name ist Krümel.

Ich bin eine Individualistin. Katzenkenner versichern, ich sei eine Europäische Kurzhaarkatze – landläufig sagt man – ganz normale Hauskatze. So »ganz normal« bin ich allerdings nicht. Schließlich waren meine Ahnen edlen Blutes; zu erkennen an meinem Markenzeichen, das ich mit Stolz und Würde verdeckt unter meinem dichten Pelz trage: »weiße Unterwäsche«. Ihr Menschen spaziert auch nicht in Dessous durch die Weltgeschichte – abgesehen von Models auf dem Laufsteg – oder wie es in der Modewelt heißt – auf dem Catwalk. Wieso eigentlich Catwalk? Nicht für Geld und gute Worte walke ich bei einer Modenschau mit. Da wäre ich ja auf den Hund gekommen! Diese Art der Selbstdarstellung überlasse ich großzügig komödiantischen Möpsen, extravaganten Pudeln und anderen modeverrückten Hunden.

Um bei der Wahrheit zu bleiben: Während einer

Fernsehübertragung von einem Modeevent in Mexiko traute ich meinen Augen nicht. Nacktkatzen wurden dort von zweibeinigen gazellenartigen Wesen über den »Katzensteg« getragen. Geschöpfe ohne Fell! Der Fernsehreporter witzelte, ihre Mission wäre, sich auf dem Catwalk nach passender Kleidung umzusehen. Angesichts solcher Fernsehbilder dank ich dem Himmel für meinen naturgewachsenen Pelz und lobe meine blaublütige Abstammung.

Meine adlige Herkunft offenbart sich, wenn du Kontakt mit mir aufnimmst. Aber Vorsicht! Bitte, streichle mich nur, wenn ich es will! Ich habe meinen eigenen Kopf. Eigenwilligkeit ist eine typische Eigenschaft von uns Katzen. Wir nennen es Charakter – was für Menschen schwer nachvollziehbar ist.

Ein prominenter Katzenfan, der Dichter Thomas Stearns Eliot, brachte es auf den Punkt:

»Bei Katzen sei nie die Regel durchbrochen:
Sprich nicht, eh du nicht angesprochen.
Ihre Hoheit, die Katze darf derlei Arten und
Zeichen der Achtung mit Recht erwarten.«

Wir Katzen werden häufig als falsch und hinterlistig angesehen. Die Tugend »Treue« schreibt man dem Hund zu. Sind wir etwa untreu, wenn wir nach unseren Streifzügen immer wieder nach Hause zurückkehren? Wie wenig ihr doch über uns wisst.

Aus Katzensicht ist eine Menschenfamilie erst mit einem Haustier vollkommen. Hund oder Katz? Eine Frage, die niemand jemals treffender beantwortet hat als der Schriftsteller Erich Kästner:

»Mein Verstand könnte schwanken.
Meinem Gefühl bleibt keine Wahl.
Sympathie ist Wahlverwandtschaft.
Alle beide, der Hund und die Katze,
sind reich an Tugenden und Talenten.
Doch der Hund hat ein Talent zuviel:
Er lässt sich dressieren.
Und er hat eine Tugend zu wenig:
Er ist ein Tier ohne Geheimnisse.«

Über die Geheimnisse von Katzen schrieb er an anderer Stelle:

»Es sind keine düsteren Geheimnisse,
von denen Katzen umgeben sind, sondern
freundliche Rätsel.«

Für diese netten Worte könnte ich Erich Kästner auf den Schoß springen, mit ihm schmusen, schnurren und ihn mit allerlei Zärtlichkeiten verwöhnen.

Stattdessen werde ich hoheitsvoll Einblick in meine Seele gewähren, einige Geheimnisse lüften und – das gelobe ich – wieder ein paar »freundliche Rätsel« aufgeben.

Im Moment sitze ich hier gemütlich auf meinem Aussichtsplatz und schaue in den wunderschönen Garten. Du nimmst an – ich döse so vor mich hin.

Der Schein trügt, ich bin immerzu auf dem Sprung. Ein Schmetterling erregt meine Aufmerksamkeit. Ich verlasse meinen Platz, laufe zur Schiebetür, miaue kräftig – in Menschensprache übersetzt – lass mich bitte raus!

Du kommst meinem Wunsch nach, jedoch das Objekt meiner Begierde, ein Zitronenfalter, ist weggeflattert. Ich überlege es mir anders und nehme meinen Beobachtungsposten wieder ein.

Nun fasziniert mich ein Vogel, ich laufe erneut zur Tür und maunze. Du öffnest, die Amsel ist weg. Ich bleibe doch lieber im Haus und so weiter und so weiter.

Es kann geschehen, dass ich in kürzester Zeit mehrmals hinaus und gleich wieder hineingehen möchte, um mich am Ende in eine Ecke zu legen und vor Erschöpfung tief zu schlafen.

Mein Frauchen hat jederzeit Verständnis und eine Engelsgeduld – du auch? Ohnehin hat Frauchen ein Gefühl für uns Katzen und dafür, was wir mögen. Für mich gibt es keinen Zweifel, mein Frauchen ist eine große Katze auf zwei Beinen, die versucht, mir das Leben so angenehm wie möglich zu gestalten. Ich bekomme nur bestes Futter, »alles vom Feinsten«, pflegt Frauchen zu sagen. Meine Lieblingsspeisen sind Geschnetzeltes mit Poularde, Hasenhäppchen in feinem Gelee, Menü mit Ente und Gans.

Für Lachs kann ich mich nicht begeistern, den lasse ich unbeachtet im Napf zurück, was bei meinem exklusiven Lebensstil vielleicht verwundert.

Gefressen wird an der Katzenbar in der Küche. Die Fressgewohnheiten von uns Katzen unterscheiden sich von denen der Hunde. Ein Hund schlingt alles mit affenartiger Geschwindigkeit runter, als ob ihm einer etwas wegnehmen könnte. Solch eine Verhaltensweise ist uns Katzen fremd. Ich fresse gemütlich Häppchen für Häppchen. Jeder Bissen wird genossen. Auch lege ich zwischendurch ein Päuschen ein, denke über Gott und die Welt, alle großen und kleinen Probleme nach und darüber, ob es sinnvoll ist, mir den Magen zu sehr voll zu stopfen. Dann drehe ich eventuell noch eine kleine Runde und kehre schließlich zum Fressnapf zurück. Sich zu überfressen ist nicht Katzenart. So etwas passiert nur Hunden und allenfalls Menschen.

»Katzoologie« – Lektion 2

Sind wir Katzen satt, putzen wir uns. Hast du schon einmal einer Katze bei ihrer Pflege zugeschaut? Wer da von »Katzenwäsche« spricht und darunter nur oberflächliches Waschen versteht, der hat echt den Verstand eines Spatzen. Du als Mensch weißt bestimmt, dass unsere Zunge mit kleinsten Noppen besetzt ist und so wie eine Bürste über das Fell streicht. Die Zunge ist Waschlappen und Bürste zugleich.

Mein Freund Freddy war ein richtiger Putzteufel. Viel Zeit verbrachte er damit, seinen schwarzen Pelz zu striegeln und auf Hochglanz zu polieren. Mit seinem Sauberkeitswahn hätte er durchaus einen Platz im »Guinnessbuch der Rekorde« verdient. Mehr über Freddy später.

Wir Katzen zögen aus dem Lecken doppelten Nutzen, zum einen die Reinhaltung unseres Körpers, zum anderen eine zusätzliche Versorgung mit Vitamin B, das von der Haut ausgeschieden wird. So vermuten einige Menschen. Derartige Überlegungen sind uns gleichgültig. Körperpflege, Sauberkeit um jeden Preis, ist für uns oberstes Gebot. Im Fern-

sehen zeigte kürzlich ein Berliner Tierarzt sensatio-
nelle Ultraschallbilder einer trächtigen Katze. Ganz
deutlich war zu sehen, dass wir uns bereits im Mut-
terleib zu putzen beginnen.

Kennst du einen Hund mit solch einem Reinlich-
keitssinn? Ich habe bis jetzt noch keinen getroffen
und mir laufen viele Hunde aller Rassen in der Nachbarschaft über den Weg. Es soll auch Menschen geben, die etwas »wasserscheu« sind.

Na ja, Schwamm drüber! Zugegeben, wir sind wasserscheu, mit einer Ausnahme, der türkischen Van-
Katze. Nicht nur, dass sie hervorragend schwimmen
kann; ihre Fangemeinde bescheinigt ihr obendrein,
eine richtige »Wasserratte« zu sein. Da bin selbst ich
perplex!

Ist dir schon aufgefallen, dass wir Katzen fast ge-
ruchsneutral sind?

Ein Hund riecht nach Hund, bei schlechtem Wetter stinkt er so sehr, dass ich, obwohl mein Geruchssinn nicht so gut entwickelt ist wie bei Hunden, die Flucht ergreife. Nicht, weil ich etwas gegen Hunde hätte. Oh nein, keinesfalls! Manche habe ich direkt ganz tief in mein Katzenherz geschlossen. Aber was zuviel ist, ist wirklich zuviel!

Ich als Katze kann mir eine »eigene Duftnote« nicht leisten. Ich schleiche meine Beute an. Stänke ich schon meterweit gegen den Wind, wäre mein Beutetier gewarnt und über alle Berge. Wir haben, so hat die Evolution es vorgesehen, kaum Fett- und Schweißdrüsen. Aus diesem Grunde riechen wir nicht!

Bin ich mit dem Putzen fertig, fresse ich gelegentlich Gras, um die verschluckten Haare erbrechen zu können. Damit säubere ich meinen Magen. Also – kein Grund zur Sorge!

Sorgen mache ich mir manchmal um euch Menschen. Es gibt doch tatsächlich welche, die uns nicht mögen. Im fernen Indien heißt es: »Wer Katzen nicht mag, muss wohl in seinem früheren Leben eine Maus gewesen sein.« So gesehen, hätte ich dafür noch Verständnis. Darauf ein dreifaches Miau!

»Miau« hat bei uns Katzen verschiedene Bedeutung. Für einen Katzenliebhaber ist sonnenklar, Miau kann heißen: Ich habe Hunger, ich möchte zur Tür hinaus oder spiele mit mir. Vielleicht signalisiere ich dir auch mit einem zärtlichen Miau, mich doch bitte schön zu streicheln!

Der italienische Opernkomponist Gioacchino Rossini war von unserem Miau so verzaubert, dass er ein Katzenduett mit dem bedeutungsvollen Text: »Miau« komponierte. Nicht einmal in unseren kühnsten Träumen hätten wir daran gedacht, dass unsere Lautäußerungen auf euch Menschen solche Auswirkungen haben könnten! Auch Domenico Scarlatti ließ sich von uns inspirieren. Er schuf eine Katzenfuge und Frédéric Chopin sogar einen Katzenwalzer.

Es gibt viele, viele Beispiele aus der Musikliteratur, die uns Katzen gewidmet sind. Nur eines möchte ich noch erwähnen: »Cats«! Dieses Musical mit der phantastischen Musik von Andrew Lloyd Webber trat einen wahren Siegeszug um die ganze Welt an.

Womit – da kann mir keiner widersprechen – bewiesen wäre, »Katzenmusik« ist berauschend schön! Begegnete ich einem dieser Komponisten in meinem Katzenleben, erwiese ich ihm spontan die höchste Form unserer Zuneigung: »Köpfchengeben«. Jetzt merkst du, »Katzoologie« will genau verstanden sein.

»Katzoologie« – Lektion 3

Kaum zu glauben, eines können wir fast so gut wie Hunde: Knurren. Wenn wir verärgert sind oder Gefahr droht, fauchen wir wie ein Tiger und spucken mitunter wie ein Lama. Der Schwanz peitscht dazu den Takt.

Sei auf der Hut! Jetzt sind wir unberechenbar! Darum halte dich besser zurück, andernfalls bekommst du unsere spitzen Krallen zu spüren.

Ihr Menschen erkennt rechtzeitig, wann wir unsere Ruhe haben wollen. Wenn ihr schlaft, werden wir erst richtig aktiv.

Hat mich das Jagdfieber gepackt, springe ich einfach über den Zaun und durchstreife die Gärten der Nachbarn. Mein Jagdrevier ist für eine Stadtkatze wie mich ziemlich groß.

Gewöhnlich beanspruchen wir Katzendamen ein Minirevier von ca. dreihundert Metern im Umkreis. Ein Kater gibt sich damit nicht zufrieden. Ausnahmen bestätigen natürlich auch hier die Regel. Was so ein furchtloser Draufgänger und Eroberer ist, der durchforstet schon einen Kilometer und mehr.

Kater Freddy war der perfekteste Jäger auf leisen Sohlen. Von ihm konnte ich viel lernen. Das Jagen und Beutemachen ist uns angeboren, liegt uns also im Blut.

Wenn ich gerade bei dieser Lieblingsbeschäftigung bin, kannst du mich rufen, so oft du willst, ich stelle mich taub – habe anderes im Sinn, als zu gehorchen wie ein »unterwürfiger« Hund. Beim Jagen habe ich alle Zeit der Welt. Das musst du einfach akzeptieren.

Dafür bringe ich dir als Liebesbeweis ab und an eine Maus ins Haus. Das Spiel mit der Maus – aus Menschensicht grausam – lässt mein Herz höher schlagen. Nicht jede Maus wird zum Gaumenschmaus. Spitzmäuse fange ich nur aus Spaß an der Freud und lasse sie später einfach liegen. Nach soviel Aktivität faulenze ich gern.

Frauchen ist sowieso der Meinung, ich lebe wie eine Prinzessin. Ich habe zwar kein Schloss, aber dafür ein schönes Zuhause mit vielen Räumen und verschiedenen Refugien zum Zurückziehen und Entspannen.

Im Haus oben oder unten, im grünen oder blauen Zimmer, auf der Treppe, in der Galerie oder im Wohnbereich mit schwedischem Touch – überall kann ich mir ein stilles Fleckchen suchen. Tisch und Bett sind absolut tabu. Mit diesem Verbot kann ich gut leben, habe ich doch ansonsten allerhand Annehmlichkeiten.

Am liebsten kuschle ich mit Frauchen auf dem Sofa, höre Klassikradio und schnurre mit der Musik um die Wette. Nicht selten scheint es mir, dass Frauchen dabei auch glücklich ist. Ich fühle mich jedenfalls »pudelwohl«. »Katzenwohl« wäre passender ausgedrückt, ist euch Menschen aber nicht geläufig.

Solch intime Zweisamkeit muss wachsen. Als »Katzenneuling« wirst du sie nicht erleben. Das Alleräußerste, was geschehen kann: Ich springe unvermutet auf deinen Schoß, um mir dort meinen Platz einzutreten, die Katzenwissenschaftler nennen es »treteln«. Für deine Kleidung ist das nicht unbedingt von Vorteil. Hast du dich bei solch einem Überfall allzu schreckhaft verhalten, weil dir dein Hosenanzug wichtiger war als meine spontane Zuneigung und Freundschaftsgeste, werde ich den nächsten Ver-

such nicht sobald wieder starten. Ich verschmerze es, aber du hast etwas Wunderbares versäumt.

Nun habe ich dir fast alle Geheimnisse verraten. Wenn du noch mehr über uns Katzen erfahren möchtest, dann hole dir doch so einen lieben Stubentiger ins Haus, oder wie Johann Wolfgang von Goethe mich zum Beispiel nannte: »Eine heruntergekommene Prinzessin aus dem Löwengeschlecht«.

Du wirst viel Freude haben. Wir Katzen wärmen deine Seele. Also worauf wartest du noch?

»Das Leben und dazu eine Katze, das gibt eine unglaubliche Summe, ich schwör's euch!« Dieser Ausspruch könnte von meinem Frauchen sein, ist er aber nicht, sondern von dem Dichter Rainer Maria Rilke.

Kindheitserinnerungen

Als sich der Frühling in seinem schönsten Kleide zeigte und die Sonne intensiv ihre wärmenden Strahlen vom Himmel schickte, in einem Monat, den ihr Menschen als »Wonnemonat« bezeichnet, muss ich wohl auf die Welt gekommen sein. Und mit mir noch zwei allerliebste Brüder, grau getigert und schwarzweiß – also richtige »Maikätzchen«.

Vieles aus unserer Kindheit habe ich vergessen, auch wo wir das Licht der Welt erblickten, weiß ich nicht mehr. In Erinnerung geblieben ist, dass ich mit meinen Brüdern in einem verfallenen Schuppen Unterschlupf gefunden hatte. Warum unsere Mama nicht bei uns war, konnten wir uns nicht erklären. Meine beiden Brüder jammerten sehr, weil sie Hunger hatten, weil keiner sie putzte, niemand ihnen die Geborgenheit und Liebe gab, wie das eben eine Katzenmami mit voller Hingabe macht. »Jammern hilft nichts« sagte ich zu meinen Brüdern und beschloss, die Umgebung unseres Holzschuppens zu erkunden, in der Hoffnung, etwas Fressbares zu finden.

Bei Anbruch der Dunkelheit, ich nahm all meinen Mut zusammen, schlich ich hinaus in die noch unbekannte Welt. Mit großem Abstand folgten mir meine Brüder. Sie waren neugierig wie alle Katzen, aber äußerst schüchtern, ängstlich und ein bisschen feige. Ganz nach dem Motto: »Geh weg, Feigling, lass mich hinter den Baum!« Bei jedem kleinsten Geräusch rannten sie in den alten Schuppen zurück. Sie kamen aber schnell wieder heraus, denn schließlich gab es viel Neues und Fremdes zu entdecken.

Plötzlich witterte ich etwas. Meiner Nase folgend, landete ich auf einem Komposthaufen. Irgendjemand hatte dort altbackene Stullen mit Leberwurst weggeworfen. Wir ließen sie uns schmecken. Unerwartet stellten sich noch andere laut schniefende Interessenten ein, worüber wir sehr erschraken.

»Was sind denn das für Tiere?«, schrie mein graugetigerter Bruder, mein schwarzweißer ließ vor Schreck den Bissen aus seinem Schnäuzchen fallen. Schnell wie ein geölter Blitz waren beide im Schuppen verschwunden.

Der Schreck war auch mir in alle Glieder gefahren; einfach davonzulaufen, kam für mich nicht in Frage. Aus sicherer Distanz beäugte ich diese Wesen, die meine Brüder in die Flucht geschlagen hatten. Sie waren gar nicht groß, für ihre Kleinheit jedoch ungeheuer laut. Ob sie keine Feinde haben, dass sie so lärmend und furchtlos durch den Wald ziehen können, rätselte ich. Da stand ganz überraschend ein kräftiger schwarzer Kater vor mir. So aufgeregt wie ich war, hatte ich ihn nicht kommen hören.

»Du brauchst nicht ängstlich zu sein«, flüsterte er. »Das sind Igel. Sie sind ungefährlich, nur sehr stachlig. Berühre sie niemals mit der Pfote! Hat dir das deine Mama nicht gesagt?«

Ich schilderte diesem lieben Kater, zu dem ich vom ersten Moment an Zutrauen hatte, mein Schicksal und das meiner Brüder. Er hörte schweigend zu. Nach einer langen, langen Pause sprach er ganz väterlich: »Kleines, ich heiße Freddy und wohne hier ganz in der Nähe. Ich werde euch mit den Tieren des Waldes bekannt machen, dann müsst ihr euch in Zukunft nicht mehr ängstigen. Lebenswichtiger ist eine zuverlässige Futterquelle, damit ihr groß und stark werdet. Ich habe ein geräumiges Zuhause.

26

Da ist noch Platz für so eine kleine Rasselbande. Die Futternäpfe werden auch ständig gefüllt.

Etwa fünfzig Meter von hier entfernt steht eine dicke, knorrige Eiche. Dahinter befindet sich ein Garten mit vielen hohen Kiefern, Fichten und Lärchen, aber auch mit Sträuchern, die euch Deckung geben. Dort habe ich das Sagen. Wenn die Sonne untergeht, in der Dämmerung, treffen sich alle Igel aus der Umgebung, um sich mein Abendbrot schmecken zu lassen.

Anfangs war ich darüber sehr verärgert, inzwischen weiß ich, dass mein Frauchen den Napf für mich wieder füllt. Lauf dem Igel hinterher, dann findest du genug zu fressen.«

Mit klopfendem Herzen schloss ich mich dem Igel an. Es ging über Stock und Stein, durch Gebüsch und Gestrüpp, vorbei an entwurzelten Bäumen, bemoosten, morschen Baumstämmen, bis wir Freddys Domizil erreichten.

Unterdessen war es stockdunkel geworden. Zum Glück können wir Katzen – im Gegensatz zu euch Menschen – uns in der Nacht gut orientieren. Aus allen Himmelsrichtungen strömten Igel herbei. Als ob hier eine Sammelstelle für diese stacheligen Gesellen wäre. Sie fraßen auch zu zweit aus einem Napf.

Sie waren unersättlich!

Von »Tischmanieren« konnte keine Rede sein! Undenkbar, dass wir mit unseren Pfötchen im Essen rumtrampeln und dabei noch unser»Geschäft« verrichten! In puncto »Sauberkeit« könnten sie von uns Katzen eine Menge lernen. Kater Freddy nannte sie zu Recht »Schweinigel«. Er hielt immer von ihnen gebührend Abstand.Nicht nur der Stacheln wegen. Er beteuerte, sie marschierten mit einem ganzen Ungezieferzoo durch die Welt. Der Igel sei ein Floh-Taxi.

»Nimm dich ja in Acht, sonst hast du bald einen Sack Flöhe mit dir rumzutragen und vielleicht auch Zecken«, rief er mir im Vorbeigehen zu.

Mir schwirrte der Kopf von den vielen Erlebnissen. Als Katzenkind ist man schnell erschöpft. Es wurde Zeit, schlafen zu gehen. Gleich am nächsten Tag wollte ich meinen Brüdern diesen Garten zeigen und ihnen alles erzählen.

Einzug ins Paradies

Am Morgen, als meine Brüder ausgeschlafen hatten, berichtete ich über meine nächtlichen Abenteuer. Sie konnten es kaum erwarten. Sie wollten sofort aufbrechen ins »Katzenparadies«. Leise schlichen wir an der alten, ehrwürdigen Eiche vorbei – ganz wie Kater Freddy das beschrieben hatte – schon waren wir in seinem Reich.

Er lag unter der Hecke und schien sich von seinem anstrengenden Nachtleben auszuruhen, aber mit einem Auge zwinkerte er uns zu. Was wir dann erblickten, ließ uns einen Freudensprung machen. Da standen drei gefüllte Näpfe mit feinsten Leckereien. Hier muss das Schlaraffenland sein!

Kater Freddy verkörperte für uns alles! Mama, Papa, Onkel, vor allem war er ein sehr fürsorglicher Freund! Und er hatte noch eine Überraschung. Er versprach uns, bis wir erwachsen seien, könnten wir seine »Sommerresidenz« bewohnen. Sie sei eingerichtet mit einem großen Schlafkorb und vielen kuschelweichen Kissen. Das ließen wir uns nicht zweimal sagen. Wir zogen sofort ein.

Behütet vom Kater Freddy, umsorgt und verwöhnt von seinem Frauchen wuchsen wir heran. Freddys Frauchen gab sich alle Mühe, unser Vertrauen zu gewinnen, scheute sich nicht, sich bäuchlings auf die Erde zu legen, dabei mit einer Hand den gefüllten Futternapf, aus dem ein verlockender Duft von Fleisch in unsere Nasen drang, halb abzudecken.

Ich hockte mit meinen Brüdern unter dem Rhododendronbusch und beobachtete argwöhnisch dieses seltsame menschliche Verhalten. Da tauchte Freddy auf, spazierte ohne Umschweife zum Fressnapf, rieb seinen Kopf an der Menschenhand, schnurrte laut und begann zu fressen. Zufrieden blickte er in unsere Richtung – so als ob er uns sagen wollte – keine

Angst – mein Frauchen tut keinem Tier etwas zu Leide. Nur Mut – ran an den Napf!

Mein Magen fing an zu knurren. Es roch so appetitlich. Der Hunger trieb mich vorwärts, bedächtig – Schritt für Schritt kam ich der Verlockung näher.

Freddys Frauchen lag reglos auf der Erde. Nur ein halber Meter trennte mich noch von den begehrten Köstlichkeiten. Zwei Menschenaugen sahen mich liebevoll an. Sie ließen nichts Böses erkennen. Sollte ich es wagen, mich noch weiter vorzutasten oder sollte ich besser den Rückzug antreten? Da war er wieder: dieser verführerische Duft, der mich so anlockte, dass ich kaum widerstehen konnte.

Ich wagte es, schob meinen Kopf unter die Menschenhand, erhaschte ein Stück Fleisch aus dem Napf und wich so schnell ich konnte ein paar Schritte zurück. Es schmeckte vorzüglich. Nun mein zweiter Versuch. Tapfer wich ich nicht zurück. Mein Kopf blieb unter der Hand.

Ich spürte etwas, was ich noch nie zuvor empfunden hatte, was mich irritierte, aber gleichzeitig beruhigte. Von der Hand ging eine wohltuende Wärme aus, die meinen Körper durchflutete und ihn in einen wohligen Zustand versetzte. War das Magie? Jetzt begriff ich, warum Freddy so demonstrativ geschnurrt hatte. Ich war ein bisschen durcheinander.

Dieses ungewöhnliche Fütterungsritual wiederholte sich, bis auch meine Brüder endlich gelernt hatten, trotz menschlicher Anwesenheit zum Futternapf zu kommen. Meine Scheu war verflogen. Ich freute mich schon immerzu auf die Fütterung, kam schnell angerannt, wenn Freddys Frauchen mit einem Löffel gegen die Futterdose klopfte, und setzte mich erwartungsvoll neben den leeren Napf.

Zu meinem eigenen Erstaunen stieg aus meiner Kehle ein leiser, immer lauter werdender, sich verstärkender Ton, ein Schnurren. Verdutzt schaute ich Freddys Frauchen an und entdeckte Tränen in seinen Augen. Für Sekunden fühlte ich mich ganz tief mit ihm verbunden. Es war mir nicht länger fremd.

Der Bann war gebrochen. Ich ließ mich widerstandslos hochheben.

»Du süßes kleines Krümelchen, du bist ja ein Mädchen – ein sehr mutiges Katzenmädchen!« –, sagte Freddys Frauchen. »Du wirst unsere Krümel! Das verspreche ich dir. Deine ängstlichen Geschwister können nur zwei Kater sein.«

Überwältigt von soviel Freude, Zuneigung und Zärtlichkeit begriff ich den Sinn des Satzes aber erst später.

»Du wirst unsere Krümel!« – das bedeutete doch – ich kann für immer bei Freddy und seinem Frauchen bleiben. Dieser Gedanke machte mich unendlich glücklich.

Eine unbeschwerte Zeit

Obwohl wir ohne Mama aufwuchsen, führten wir dennoch ein schönes Leben. Freddys Reich bot genug Platz zum Herumtollen. Was stellten wir aus Übermut nicht alles an! Wir sahen, wie Eichhörnchen die Bäume hoch- und runtersausten, ahmten sie sofort nach, nur das Springen von Baum zu Baum ist nicht Katzenart, darauf verzichteten wir.

Außer Rand und Band jagten wir Schmetterlingen und Libellen hinterher oder den Blättern, die vom Wind durch die Luft gewirbelt wurden. Oft sprangen wir wie ausgelassene Zicklein über die Wiese. Meine Brüder liebten es, sich zu balgen, um sich so auf spätere Katerkämpfe vorzubereiten. Ich spielte in der Zeit am liebsten mit einem Ball.

Die frühen Abendstunden verbrachten wir zusammen mit Kater Freddy und vergnügten uns bei IGEL-TV. Dieses Programm war spannender, als ihr Menschen euch das vorstellen könnt.

Die Igel spielten auch Ball, doch ihr Ball war ein Artgenosse. So ein Spiel war uns völlig unbekannt: Ein Igelpaar frisst gemeinsam aus einem Napf; ein dritter Igel gesellt sich hinzu. Nun stürmt das Igel-männchen dem Rivalen entgegen, schubst und stupst ihn, schießt ihn schließlich wie einen Fußball einige Meter weit weg.

Zusammengerollt bleibt dieser eine ganze Weile liegen. Erst nach und nach entrollt sich die Stachel-kugel, vergewissert sich, ob die Luft wirklich rein ist, und macht sich flugs aus dem Staub.

Sollte der Igel-TV-Abend früher als geplant been-det sein, unterhielt uns Freddy mit seinen Geschich-ten. Wir staunten über alles, was er zum Besten gab: Die Igel seien Einzelgänger. Nur in der Paarungszeit komme es zu solchen Szenen unter den Rivalen. Das Igelweibchen bringe nach 35 Tagen im Juli oder August vier bis sieben Junge zur Welt. Ein Igelbaby wiege 12–25 Gramm. Dieser Winzling – noch blind und taub – habe schon ein Stachelkleid mit etwa

hundert Stacheln. Einen erwachsenen Igel schmü-
cken ca. sechs- bis achttausend Stacheln. Manche
Menschen, so wollte Freddy gehört haben, meinten
sogar sechzehntausend. Dann lachten und kicherten
wir, worüber die Menschen so spekulierten. Oder
haben sie etwa die Stacheln gezählt? Zuzutrauen
wäre es ihnen! Als ob es nichts Wichtigeres in ihrem
Leben gäbe!

Freddy, der in seiner Jugend ein beliebter Fernsehstar war, weil er in der Sendung »Du und Dein Haustier« auftrat, behauptete sogar: »Die Stachelfrage ist
für Menschen eine beliebte Quizfrage. Ob nun
sechs-, achttausend oder sechzehntausend – für so
ein drolliges kleines Tierchen ist es auf jeden Fall eine
Unmenge Stacheln!« Weiter erklärte er: »Die Igel-
mama zieht ihren Nachwuchs alleine groß. Der Igel-
papa kümmert sich nicht um Frau und Kinder.
Gleich nach der Hochzeit macht er sich einfach auf
und davon. Wenn diese putzigen Kleinen älter als
acht Wochen sind, suchen sie sich ihr eigenes Revier,
um auf die Pirsch zu gehen.

Igel leben auch viel, viel länger auf der Erde als
Hunde und als wir Katzen. Sie bevölkerten unseren
Planeten schon vor mehreren Millionen Jahren.«

Ungläubig, mit großen Augen schauten meine
Brüder und ich drein, aber Kater Freddy schwor bei
seinen sieben Katzenleben: »Die Igel haben es mir
selbst erzählt.« Zwar erwähnte er noch: »In Russland
ist die Meinung weit verbreitet: ›Jedem Tier glaub ich

aufs Wort, nur dem Igel nicht sofort‹. Aber Russland liegt ja unzählige Katzensprünge von hier entfernt!

Weil die Igel im Winterschlaf, den sie halten, ihre Fettreserven verbraucht haben, müssen sie jetzt reichlich futtern. Mit einem Gewicht von 800 bis 1500 Gramm können sie getrost in den nächsten Winterschlaf gehen.«

Wir dachten uns auch Namen für die kleinen, krummbeinigen Stacheltiere aus:»Schwarzschnäuzchen«, »Pinselohr« und einen ganz besonders flinken, temperamentvollen Igel nannten wir »Stachelblitz«.Einen Wettlauf zwischen Hase und Igel wie im Märchen der Gebrüder Grimm hätte dieser spielend ohne Frau Igels Hilfe gewonnen!

So vergingen die Tage, die Abende, die Nächte, bis zu dem Tag, an dem es hieß, leider Abschied nehmen von meinen Brüdern. Sie kamen auf einen Bauernhof im Oderbruch. Jeder hatte eine Scheune und ein Feld mäusefrei zu halten. Eine große Herausforderung! Für zwei Kater kaum zu bewältigen, aber beide waren ja leidenschaftliche Jäger. Deshalb war ich auch überzeugt, dass sie diese Aufgabe meistern werden.

Ein bisschen Wehmut schlich sich in mein Herz. Nach einiger Zeit war die Traurigkeit verflogen. Von nun an gestaltete sich mein Katzenalltag gemeinsam mit Kater Freddy. Es sollte an seiner Seite nie eintönig werden!

Mein schlimmster Tag

Kater Freddy war für mich der König aller Katzen! Majestätisch wie ein Löwe, elegant wie ein Panther, schnell wie ein Gepard – das ist vielleicht ein bisschen übertrieben. Oder – wie es bei euch Menschen heißt – durch die rosarote Brille gesehen. Vieles von den Großkatzen steckte in ihm. Die sehr weitläufige Verwandtschaft war nicht zu leugnen. Ich betete ihn richtig an!

Er hatte freilich auch seine Schattenseite, die er vor unserem Frauchen geschickt zu verbergen wusste. Ich kam ihm auf die Schliche, was ihm sehr unangenehm war. Aufgeschreckt vom Gekreisch einer Amsel, machte ich mich, neugierig wie ich bin, auf den Weg, um zu erfahren, was los ist. Und was sah ich? Mein Kater Freddy – ein Wilddieb – hatte doch tatsächlich ein Amseljunges geraubt! Nun rannte er wie um sein Leben die Straße entlang, verfolgt vom wütenden Amselvater, der mit lautem Gezeter ständig zum Sturzflug auf seinen Kopf ansetzte und ihn mit seinem Schnabel angreifen wollte. Völlig außer Atem und erschöpft kam er zu Hause an.

Ich musste ihm hoch und heilig versprechen, diesen Vorfall nicht zu petzen. Vor Frauchen wollte er als Jäger brillieren, keinesfalls als Wilderer abgestempelt werden. Was ihn natürlich nicht daran hinderte, hin und wieder rückfällig zu werden. Wenn es ihn überkam, dann sagte er kurz: »Kleines, heute bin ich in geheimer Mission unterwegs. Nichts für zartbesaitete Miezen.« Zu deutsch – ich sollte daheim bleiben, ihm nicht folgen. Nachspionieren verbietet mir ohnehin mein Stolz. Irgendwie erfuhr ich sowieso alles, ob ich es wollte oder nicht.

Freddy hatte vor nichts und vor niemandem Angst. Was ihm dann schließlich zum Verhängnis wurde. In Überschätzung seiner Kräfte legte er sich mit einem Marder an. Aus dem Kampf ging er vorerst als edler Sieger hervor, wenn auch mit allerlei Blessuren, die tierärztlich behandelt, sogar operiert werden mussten.

Auf dem Krankenbett hauchte er mir ins Ohr: »Kleines, deine Kindertage gehen nun zu Ende. Du musst jetzt stark und tapfer wie eine erwachsene Katze sein. Ich fühle, ich trete bald meine Reise in die ewigen Jagdgründe an. In Gedanken bin ich immer mit dir verbunden. Vergiss das nie!« Dann schnurrte er kaum hörbar. Ich leckte ihm zärtlich sein Ohr, sprach leise ein paar liebe Worte, aber er schien schon wieder fest eingeschlafen zu sein. Traurig zog ich mich auf meinen Platz zurück .

Frauchen telefonierte mit dem Tierarzt. Er kam

ins Haus, konnte jedoch nicht mehr helfen. Er sagte: »Trinken Sie einen Cognac, damit sie sich beruhigen«. Frauchen kämpfte erfolglos mit den Tränen, sie kullerten unaufhörlich über das Gesicht. Ich kroch unter das Sofa und weinte lange in meine Pfoten.

Der stolze Sieger hatte das Wertvollste, was er besaß, verloren – sein Leben.

Das war der schlimmste Tag in meinem noch jungen Katzendasein. Für den Tierarzt stand dieser Tag ebenfalls unter einem ungünstigen Stern. Auf der Heimfahrt lief ihm eine schwarze Katze ins Auto. Obwohl er sofort anhielt, um das Tier zu behandeln, kam jede Hilfe zu spät. Da war auch er mit seinen Nerven am Ende. Vermutlich brauchte er wie mein Frauchen einen Cognac.

Freddy fand seine letzte Ruhe unter der Stechpalme, einem schattigen Plätzchen, das er im Hochsommer besonders liebte.

Lange wollte ich es nicht wahrhaben, dass Freddy nicht mehr bei mir war. Immer wieder suchte ich unsere Lieblingsplätze auf, hoffte, er säße wie früher neben mir. Ich schloss die Augen und bildete mir ein, wenn ich lange genug daran glaubte, geschähe ein Wunder. Das Wunder blieb aus. Ich musste mich dem Schicksal beugen. Aber in meinem Herzen lebt Freddy weiter.

Der Ernst des Lebens beginnt

Nach einer Zeit der Trauer ging für uns die Sonne wieder auf. Die Menschen haben so einen banalen Spruch: »Das Leben geht weiter!« Ich mochte ihn überhaupt nicht. Er trifft aber zu. Leider oder Gott sei Dank.

Der Schicksalsschlag hatte mich reifer, nachdenklicher, dankbarer gemacht. Ich war notgedrungen erwachsen und gegen meinen Willen alleinige Herrscherin auf dem Grundstück geworden. Damit verbunden waren allerhand Pflichten, die früher Freddy ohne großes Aufsehen wie selbstverständlich erledigte. Mit einem Schlag hatte ich mehr als alle Pfoten voll zu tun. Die Arbeit wuchs mir buchstäblich über den Kopf.

Gleich nach dem Frühstück, bei Wind und Wetter, musste ich hinaus ins Freie, Duftmarken kontrollieren, notfalls neue setzen, Katzenzeitung lesen, Neuankömmlinge in die Schranken weisen. Wie hat Freddy das nur geschafft? Von Frauchen hörte ich den Satz: Man wächst mit seinen Aufgaben. Ganz schön stressig dieses Wachsen! Mir blieb kaum noch

Zeit zum Mäusefangen. Nach und nach lernte ich, alles gelassener anzugehen, und erledigte einiges schon routinemäßig.

In unserer Gegend wurde viel gebaut. Die Häuser schossen wie Pilze aus dem Boden. Mit den Hausbesitzern kamen natürlich viele Haustiere. Unentwegt war ich auf Trab, mein Revier erneut abzustecken und zu verteidigen.

Neben uns wohnte eine Arztfamilie, deren Vierbeiner immer außergewöhnlich musikalisch waren. Der erste Kater hieß Mozart. Es fiel sofort auf, dass er der Boss im Hause war. Ein rot gestromter, selbstbewusster Kater.

Eines Tages lag er in unserem Blumenbeet und betrachtete die Taglilien. Frauchen und ich erblickten ihn, wollten ihn aber nicht stören. Mit Künstlern, insbesondere mit Musikern und Komponisten, müsse man nachsichtig umgehen. Es könnte sein, sie hätten gerade den grandiosen Einfall ihres Lebens, bemerkte Frauchen.

Ich freundete mich mit diesem berühmten Kater namens Mozart an, was allerdings nicht ausschloss, dass es zu Meinungsverschiedenheiten kam. Die gipfelten oft in wilden Treibjagden. Dabei zerdepperten wir einen großen Kräuterpflanztopf.

Häufiger saßen wir gemeinsam ganz friedlich auf einer kleinen Anhöhe in seinem Grundstück und lauschten den Klängen der Natur. Unbarmherzig

41

schlug das Schicksal auch hier zu. Gescheucht von einem Hund, preschte Mozart in ein Auto. Abermals flossen Tränen bei Zwei- und Vierbeinern.

Auf Mozart folgte Vivaldi – ein pechschwarzer Kater. Forsch und frech, ohne jeden Respekt, stellte er sich seinen Nachbarn vor. Wieder so eine namhafte Persönlichkeit mit Privilegien.

Viel Gelegenheit, um Freundschaft zu schließen, hatten wir nicht. Ihn ereilte das gleiche Schicksal wie seinen Vorgänger Mozart.

Nun zogen Toska und Aida ein. Neidlos muss ich zugeben, zwei äußerst süße, kapriziöse, blaugrau getigerte, noch junge angehende Operndiven. Wenn nun die liebeskranken Kater nachts ihre Ständchen ihren Angebeteten vortrugen, stimmten auch sie allzu gern in den Gesang mit ein.

»Sie erheben ihre Stimmen, zum Konzert gemein-
sam jetzo,
das sind Fugen wie von Bach oder Guido von
Arezzo.
Das sind tolle Symphonien, wie Kaprizen von
Beethoven
oder Berlioz, der wird schnurrend, knurrend
übertroffen.
Wunderbare Macht der Töne! Zauberklänge
sondergleichen!
Sie erschüttern selbst den Himmel! Und die Sterne
dort erbleichen!«

Was Heinrich Heine vor mehr als 150 Jahren in seinem Loblied auf »Mimi« nicht voraussehen konnte,
dass Mandy, die Schäferhündin unserer anderen
Nachbarn, sich von soviel herzerweichendem, in-
brünstigem Liebesschmerz anstecken ließ. Bis zum
ersten Hahnenschrei erklang dann mit Hundebe-
gleitung die Welturaufführung eines einmaligen Kat-
zenkonzertes:

Miau, Miauou, Wau, Wau, Miau !
Wau, Wau, Miauouu !
Miauouuu !

Begeistert von dem nächtlichen Gesang war die ge-
samte Nachbarschaft über Stunden hellwach!

Feuerwehreinsatz für die Katz

Es geschah an einem ganz normalen Tag, Dienstag oder Mittwoch, vielleicht auch Donnerstag, so genau kann ich mich nicht mehr entsinnen, nur was sich damals zutrug, ist mir unauslöschlich im Gedächtnis geblieben. Ich hatte gerade mein morgendliches Trainingsprogramm absolviert, ausgiebig gefrühstückt, anschließend mich gründlich geputzt und überlegte nun, was ich an diesem Vormittag anstellen könnte. Lust hatte ich zu nichts.

Noch immer ein bisschen müde, sprang ich wieder auf meinen Korbsessel und schlummerte ein. Im Traum schlich ich durch Felder und Wiesen. Gerade als ich zu einem Beutesprung ansetzen wollte, wurde ich geweckt. Ein fremder Kater hatte es gewagt, in unser Haus, mein Reich, mein Heim erster Ordnung, einzudringen! Nicht zu fassen!

Alle Türen und Fenster standen zum Lüften sperrangelweit offen. So war der Weg frei für sein plötzliches Auftauchen. Wütend, weil er mich aus meinem schönen Traum gerissen hatte, jagte ich ihn aus dem

Haus. In seiner Panik flüchtete er auf einen Baum. Ehe er sich versah, befand er sich im Wipfel einer zwanzig Meter hohen Kiefer. Frauchen plauderte gerade mit dem Nachbarn am Gartenzaun, als beide Zeuge wurden, wie eine schwarzweiße Katze in einem unglaublichen Tempo die Kiefer hochkletterte; immer höher, bis in die Spitze des Baumes.

Dort saß sie nun völlig eingeschüchtert. Sie war kaum noch zu sehen. Schäferhündin Mandy fing an zu bellen, was meinen Artgenossen noch mehr in Angst und Schrecken versetzte. Frauchen eilte ins Haus und war beruhigt, als ich entspannt mit einer Unschuldsmiene wie ein Engel im Sessel lag. Ich hatte große Mühe zu verbergen, dass mein Herz mir bis zum Halse schlug!

Frauchen holte das Fernglas und meinte, es müsse Kater Mikesch von gegenüber sein. Ich hätte sagen können, dass er es nicht ist, aber ich wollte nicht den Eindruck erwecken, dass ich damit etwas zu tun hätte.

Mikeschs Frauchen bestätigte, was ich ja schon wusste. Mikesch sei es keinesfalls, denn er liege noch immer im Bett und schlafe. Während mein Frauchen grübelte, wie man die Katze vom Baum locken könnte, Mandy dazu unaufhörlich bellte, rückte ein Feuerwehrkommando an. Übungseinsatz! Informiert hatte es Mikeschs Frauchen. Jetzt hielt mich nichts mehr auf meinem Platz.

Meine sprichwörtliche Neugier trieb mich in die Veranda. Hinter der Glastür verfolgte ich das Geschehen. Ein Feuerwehrauto mit einer riesigen Leiter versuchte, den schmalen Weg zum Haus hineinzufahren.

»Äußerst schwierig, bis zu der Kiefer zu kommen«, »sperren Sie doch ihren Hund ins Haus, das nervtötende Gebell verängstigt die Katze ja noch mehr«, konnte ich aus dem Stimmengewirr heraushören.

Die Menschen kamen aus ihren Häusern. Sie wollten wissen, was auf der Straße vor sich ging. Immer mehr Leute versammelten sich. Sie diskutierten, ob eine Katze diesen Aufwand überhaupt wert sei.

»Sie ist es, sie ist es«, habe ich laut geschrieen, aber keiner hat mich gehört!

Die Feuerwehrleute stellten fest, dass sie keinen Fangkorb im Auto hatten, forderten über Funk einen an. Ein großer Löschzug, der gerade nichts zu löschen hatte, brachte den Korb und versperrte die ganze Straße. Die Polizei war auch mit guten Ratschlägen zur Stelle.

Frauchen, ziemlich aufgeregt und mit den Nerven am Ende, äußerte besorgt: »Wer soll das bezahlen?«

Als man endlich mit Fangkorb und Drehleiter in die Nähe meines Ruhestörers kam, sprang er, zu unser aller Überraschung, mir stockte der Atem, behänd wie ein Eichhörnchen von Ast zu Ast, dann auf den Boden und suchte das Weite. So etwas hatte ich noch nie erlebt!

Ehrlich – ganz schön mutig – ein wahrer Held. Für eine Sekunde bereute ich, nein, ich schämte mich doch sehr wegen meines unfreundlichen Verhaltens!

Die Polizei durchforschte noch die Gärten. Nirgendwo ein schwarzweißer Kater, einfach spurlos verschwunden. Niemand hat jemals den Grund seiner waghalsigen Klettertour erfahren.

Bis heute war das mein großes Geheimnis!

Im Übrigen – wir erhielten keine Rechnung!

Der Feuerwehreinsatz war also wie in der Redewendung – wirklich »für die Katz«!

Schicksalhafte Begegnung

Wieder war Frühling. Wieder war Mai! Die Sonne lächelte ins Haus, sie forderte geradezu auf, ins Freie zu gehen. Ich reckte und streckte mich und sprang in den Garten. Was für ein schöner Tag. Die Sonnenstrahlen streichelten wärmend meinen Pelz. Das ideale Wetter für ein ausgiebiges Sonnenbad und zum Faulenzen.

Ich inspizierte nur flüchtig mein Revier, kletterte dann über die Mauer, um die Pferde im nahe gelegenen Reiterhof zu besuchen. Am Longierplatz, das konnte ich von weitem erkennen, saß schon eine schwarzweiße Katze, die anscheinend auch keine Lust zum Jagen verspürte, Müßiggang pflegte und wie ich nur entspannen und die Pferde beobachten wollte.

Beim Näherkommen fiel mir ein, es könnte der Kater vom »Feuerwehreinsatz« sein. Nichts wünschte ich mir sehnlicher, als ihm noch einmal zu begegnen. Doch stünde er plötzlich vor mir, wäre ich sehr aufgeregt. Ich wüsste nicht, ob ich imstande wäre, ihm zu sagen, wie sehr ich ihn bewunderte.

Mit uns schwarzweißen Katzen ist es so wie mit den Menschennamen. Schmidt, Schulze, Meier, Lehmann – sie gibt es wie Sand am Meer. Nein, ausgeschlossen, dieser schwarzweiße Kater ist nicht der schwarzweiße von damals. Etwas erleichtert wegen meines noch immer schlechten Gewissens wagte ich, ihm voll ins Gesicht zu schauen. Er war noch jung, jedoch schon ganz schön gezeichnet vom wilden Katerleben.

Eine Mischung aus Naturbursche, Gentleman und Raufbold. Die Ohren vollkommen zerschlitzt, auf einem Auge blind und dazu noch eine Verletzung an der linken Hinterpfote.

Wie ich erfuhr, hatte er kein Zuhause. Ich war zutiefst erschüttert! Mir wurde bewusst, welch märchenhaftes Leben ich führte. Geborgen und versorgt, fast wie eine echte Prinzessin, eben nur auf vier Pfoten.

Irgendwie hatte er plötzlich mein Herz gewonnen. Aus Mitleid? Ich weiß es nicht. Meine Gefühle muss ich nicht preisgeben. Auch wir Katzen haben eine Privatsphäre, die uns heilig ist. Kurz – ich habe ihn getroffen, er ist mir gefolgt und bei mir geblieben. Wo sollte er denn sonst hin?

Frauchen war oft unterwegs. So konnte ich mich unbemerkt mit meinem neuen Freund treffen, ihm Verstecke auf unserem Grundstück zeigen und Unterschlupfmöglichkeiten bei Regenwetter. Nicht zu

vergessen die zusätzliche Futterstelle im Geräte-
schuppen mit dem ständig gefüllten Wasserautomaten.

Obwohl ich ihm meine schönsten Plätze anbot,
hat er einen Pflanztrog als seinen Lieblingsplatz aus-
erkoren. Ausgerechnet den Pflanztrog unter dem
Bambusdach, den Frauchen mit Bitterwurz bepflan-
zen und mit Kieselsteinen dekorieren wollte.

Felix habe ich ihn getauft, weil er einem Kater aus
der Werbung für Katzenfutter verblüffend ähnlich
sieht. Mit Menschen hatte Felix offensichtlich nicht
die allerbesten Erfahrungen gemacht. Sobald irgendwo jemand auftauchte, fauchte er und achtete streng
auf seine Fluchtdistanz.

Ich musste all meine Überredungskünste einsetzen, um ihm begreiflich zu machen, dass mein Frau-

chen auch zu ihm lieb wäre, wenn er es mit mir gut meinte.

Die Wochen gingen ins Land. Die Heimlichkeiten sollten ein Ende haben.Felix setzte sich an diesem Tag nahe unserem Haus in Position. Der Zeitpunkt war äußerst ungünstig. Wir hatten gerade nicht besonders katzenfreundlichen Besuch. Einer der Gäste erblickte Felix im Garten und fragte: »Wem gehört dieses ungepflegte Tier da draußen?«

Zugegeben für einen Antrittsbesuch war mein Felix nicht extra herausgeputzt.

»Wie zerfleddert der Kater aussieht. Ihm fehlt nur die Augenklappe, dann könnte er als Seeräuber gehen«, spottete dieser Gast. »Jage ihn fort! Am besten gleich! Eine Katze reicht ja wohl.«

»Krümel ist erst mit einem Flax komplett«, entgegnete mein Frauchen und unterbrach somit abrupt den uns Katzen kränkenden Redefluss. »Erinnert ihr euch nicht mehr an ›Flax und Krümel‹ vom Kinderfernsehen? In der DDR sind viele Kinder mit ihnen groß geworden. Wenn Krümel sich mit diesem fremden Kater verträgt, hat sie ab sofort ihren Flax«, beschloss Frauchen zu meiner großen Freude.

So wurde aus Felix der berühmte Flax und ich seine nicht weniger berühmte Krümel.

Mein Flax lebte fortan mit uns im Haus und diese Geschichte ist aus.

Meine Tage mit Flax

Viele, viele Monate teilte ich nun schon mein Revier, mein Heim und – was mir am schwersten fiel – mein Frauchen mit Flax.

Es war erstaunlich, wie schnell er sich bei uns heimisch fühlte. Ohne einen »Katzenknigge« vorher studiert zu haben, wusste er, was erlaubt war und was nicht. Er begriff auf Anhieb, wozu ein Katzenklo da ist. Ein wahres Naturtalent!

Flax bekam seine eigene Katzenbar, Katzentoilette und einen Kratzbaum mit Aussichtsplatz an der Glastür. In meinen Augen pure Verschwendung, gibt es doch auf dem Grundstück genügend Bäume zum Klettern und Krallen wetzen. Ich musste auch ohne solch einen Turm auskommen. Zum Glück interessierte sich Flax überhaupt nicht dafür. So konnte ich diesen Platz sofort beschlagnahmen und befand, das war kein rausgeschmissenes Geld, sondern eine sinnvolle Anschaffung von Frauchen – nur für mich!

Flax liebte nach wie vor den Geruch von Erde und Kräutern, lag am liebsten in Pflanztöpfen und ließ sich den Wind um die Schnauze wehen.

Wenn es kalt und regnerisch war, kroch er in die mit einem Thermokissen ausgestattete Korbhöhle auf der überdachten Terrasse. Es kam auch vor, dass er sich ins Haus auf das Sofa verirrte.

Allerdings hatte ich immer den Eindruck, dass er das nur Frauchen und mir zuliebe machte. Kurz – er genoss das »zivilisierte« Katzenleben, eine sichere Futterquelle, einen ruhigen Schlafplatz, Streicheleinheiten, verzichtete aber nicht auf seinen wilden Lebensstil und auf seine Freiheit.

Er bestimmte den Tagesablauf. Ab und zu ging er mir mit seinem machohaften Verhalten ganz schön auf die Nerven. Mein Leben wurde durch ihn total auf den Kopf gestellt. Mein beschaulicher Alltag hatte mit seiner Anwesenheit ein Ende.

Es gab dennoch einiges, was ich durchaus zu schätzen wusste. So musste ich fortan nicht mehr in aller Frühe aufstehen, um die Grenzmarkierungen aufzufrischen. Das war nun sein Part. Auch hielt er mir lästige Interessenten vom Leib. Sobald ein anderer Kater unser Grundstück betrat, jagte er ihn vom Hof. Wenn es sein musste, stürzte er sich für mich in heldenhafte Kämpfe!

Allerdings nahm er seinen Wachdienst nicht so ernst, wenn hübsche Miezen vorbeistolzierten.

Schecki zum Beispiel, die neu Zugezogene vom Lande. Ein dreifarbiges Katzenfräulein mit einer schwarzen Zeichnung im Gesicht. Sie könnte einem Picasso-Bild entsprungen sein. Ich hätte sie ›Picassine‹ getauft.

Dreifarbige Katzen bringen Glück ins Haus – glauben jedenfalls die Menschen. Unter uns Katzen erzählt man sich, dass sie zur Zeit des Kolonialismus bevorzugt als Glücksbringer auf den Schiffen mitgenommen worden sind, um Unheil fernzuhalten. Tricolorkatzen sind genetisch bedingt immer weiblich. Wird doch einmal eine männliche »Schildpattkatze« geboren, ist sie unfruchtbar. Da nicht sein kann, was nicht sein darf, fahndete das starke Geschlecht der Menschen fieberhaft nach einem potenten, dreifarbigen Kater – weltweit.

In Amerika, dem Land der unbegrenzten Möglichkeiten, so wird in Katzenkreisen gemunkelt, versprach man sogar einen hohen Geldpreis, mehr als einhunderttausend Dollar.

Alles ohne Erfolg! Wie ich die Menschen kenne, suchen und forschen sie noch heute.

Schecki, die Glückskatze, hatte eine magische Anziehungskraft. Flax war ihr besonders zugetan.

Zu meinem Verdruss machte er allen Katzendamen der Nachbarschaft schöne Augen. Mit seinem Charme bezirzte er nicht nur Miezen, sondern auch Frauchen immer wieder. Manchmal war ich richtig wütend und gab ihm dann aus Eifersucht im Vorbeigehen einen Tatzenhieb.

Häufig spielte er sich als toleranter, großzügiger Hausherr auf und vergaß, dass ich die älteren Rechte hatte, dass ich die Hausherrin war.

Schnell erkannte ich: Mein Flax hatte nicht nur ein Schlitzohr, sondern er war auch eines, allerdings mit viel Charme, Liebenswürdigkeit und einem groooßen Herzen. Das alles liebte ich an ihm!

Meine Nächte mit Flax

Der Winter wollte diesmal einfach kein Ende nehmen. So lag ich viel auf meinem Aussichtsturm. Was
ich da sah – Romantik pur. Wie im Märchenwald.
Ein Bilderbuchwinter!

Mein Leben mit Flax gestaltete sich anfangs bilder-
buchmäßig, später stressig und endete traurig.

Wir vertrugen uns gut, bis auf ein paar kleine Strei-
tereien. Wenn es allzu arg wurde, griff Frauchen ein
und rief uns dann zu: »Zankt euch nicht, seid lieb zu
einander!«

Vor Frauchen hatte Flax großen Respekt. Wenn er
auch nur die Stimme hörte, lenkte er sofort ein. Bei
der eisigen Kälte schlief er im Haus und schien sich
wohlzufühlen.

Er wagte es – was ich mich nie getraut hätte – neben Frauchen im Bett Platz zu nehmen. Die Schlaf-
zimmertür stand nachts offen. Ich schlief meistens
auf dem Korbsessel. Von da aus hatte ich einen guten Überblick. Ich sah, dass Flax, der Raffinierte,
heimlich ins Zimmer schlich und es sich im Bett gemütlich machte.

Zuerst am Fußende, dann robbte er immer höher, bis er schließlich auf dem Kopfkissen lag. Sieh an, in dem wilden Kater schlummert ein liebebedürftiger Stubentiger. Nacht für Nacht lauerte ich gespannt darauf, dass Frauchen munter wird und ihn im Nebenbett entdeckt. Wie oft habe ich deshalb kein Auge zugetan!

Sobald Flax auch nur die kleinste Bewegung im Bett spürte, sprang er herunter und rollte sich auf dem Bettvorleger zusammen. Ein pfiffiges Bürschchen!

Eines Abends, Frauchen hatte uns schon gute Nacht gesagt, noch ein bisschen im Bett gelesen, dann das Licht gelöscht. Flax nahm an, wir schliefen.

Als er gerade ins Nebenbett springen wollte, hustete Frauchen und knipste das Licht wieder an. Flax bekam so einen Schreck, dass er es nie mehr versuchte.

Unser Alltag verlief voller Harmonie, wenn da nicht meine Eifersucht gewesen wäre. Bei einer Auseinandersetzung mit einer Nachbarschaftsmieze wurde ich verletzt. Die Bisswunde heilte nicht und entzündete sich, so dass ich zum Tierarzt musste. Tierarztbesuche sind für mich der allerhöchste Stress. Erst die Autofahrt! Dann die vielen verschiedenen Tiere und Gerüche im Warteraum. Entsetzlich!

Endlich im Arztzimmer angelangt, gab es für meine Blase kein Halten mehr. Vor Angst und Aufregung ging alles auf den Behandlungstisch. Zur Freude meines lieben Herrn Doktor konnte er doch einen Teststreifen in den Urin legen. Ergebnis: hochgradige Blasenentzündung. Damit hatten weder Frauchen noch ich gerechnet.

Es sollte noch schlimmer kommen! Meine entzündete Bisswunde musste operiert werden. Während mein Frauchen meinen Kopf streichelte, erhielt ich eine Vollnarkose. Von dem Moment an wusste ich nichts mehr.

Als ich zu mir kam, lag ich schon auf einer Decke in unserer Küche. Ein Katzenjammer ist nichts dagegen. Mir war hundeübel! Aber überglücklich stellte ich fest, wieder zu Hause zu sein. Ich erholte mich ziemlich schnell, unangenehm war nur die Tablettenschluckerei. Ständig habe ich versucht, Frauchen auszutricksen. Doch zu guter Letzt hat Frauchen mich ausgetrickst. Ich wurde wieder völlig gesund.

Nun erkrankte aber mein Frauchen und sollte auch operiert werden. Aus Bernburg reiste Rosi an, um uns zu versorgen. Ich kannte sie schon, hatte sie mich doch vor Jahren verwöhnt, als Frauchen in Südtirol war.

Wird sie sich mit Flax verstehen? Diese Sorge war völlig unbegründet, denn er eroberte ihr Herz im Sturm. Sie nannte ihn Franz-Josef wegen seines guten Ernährungszustandes und in Erinnerung an einen Ministerpräsidenten, der eine untersetzte Figur und keinen Hals hatte. Flax reagierte auch auf die-

58

sen Namen. Er strich Rosi sogar liebevoll um die Beine. Wenn sie das Haus verließ, wartete er geduldig vor der Haustür auf ihre Rückkehr.

Kaum waren wir alle wieder glücklich mit Frauchen vereint, bereitete Flax uns großen Kummer. Er konnte nicht mehr laufen, verlor das Gleichgewicht, fraß nicht mehr und kroch von ganz allein in den Katzentransporter. Ich ahnte das Schlimmste, hatte aber trotzdem Hoffnung.

Leider bestätigte sich mein Verdacht. Flax war unheilbar krank. Der Tierarzt konnte ihn nur noch erlösen. Begraben wurde er neben seiner Lieblingswurzel in der Nähe von Freddy.

Leb wohl, mein Flax! Unsere gemeinsame Zeit war viel zu kurz.

Wieder allein im Revier

Endlich, endlich erwachte die Natur aus ihrem Winterschlaf. Nun begann für mich die aufregendste Jahreszeit – der Frühling. An der Südwand des Hauses stand meine Lieblingsbank.

Hier genoss ich die ersten Sonnenstrahlen und beobachtete alles, was da kreuchte und fleuchte. Wi, wi, wi, rief der Kleiber, wi, wi, wi tönte es immer wieder. Mit diesem Ruf grenzt das Männchen sein Revier ab. Ich schaute in alle Himmelsrichtungen und wieder klang es in meinen Ohren: wi, wi, wi, wi! Wo war der Kleiber bloß?

Genau gegenüber in einer hohen astlosen Kiefer, die wie ein überdimensionaler Pinsel gen Himmel ragte, lief er gerade mit dem Kopf voran den kahlen Stamm hinunter. Jahr für Jahr nisteten in dieser Kiefer Stare. Jetzt verfolgte ich, dass ein Kleiber – volkstümlich auch Spechtmeise genannt – Wohnansprüche stellte. Der Star war in diesem Frühling nicht rechzeitig zur Stelle, verweilte wohl zu lange in seinem Winterquartier im Mittelmeerraum oder in Nordwestafrika.

So ging der Kleiber sofort ans Werk. Starhöhle inspiziert, für ausbaufähig befunden und losgelegt. Ganz akkurat wird der Eingang mit Lehmkügelchen verschmiert und zugeklebt. Daher auch sein Name Kleiber – abgeleitet von Kleber – kleben.

Seine Baukunst faszinierte mich. Gäbe es einen Preis für den besten Vogelarchitekten, ich verliehe ihn dem Kleiber. Sein Arbeitseifer war ebenso preisverdächtig. Unermüdlich wurde gewerkelt, gezimmert, glatt gestrichen, bis schließlich der Höhleneingang eine Größe hatte, dass nur Herr und Frau Kleiber durchpassten. Ein wirksamer Schutz vor Mardern, Krähen und auch vor uns Katzen.

Der Star – mit Verspätung in Berlin gelandet – musste akzeptieren, dass der Kleiber seine Höhle bereits besetzt hatte. So zog er gezwungenermaßen eineinhalb Meter über dem Kleiber ein.

Der Star mit seinem glänzenden Gefieder ist immer eine Augenweide. So schillernd wie sein Outfit war das Starheim allerdings nicht.

Seine Nestbauqualitäten reichten bei weitem nicht an die des Kleibers. Ruck, zuck ist er fertig. Seine Devise: Warum unnötig Energie verschwenden, wenn man sie anderweitig wirkungsvoller einsetzen kann. Stardamen sollen angeblich die Männchen am attraktivsten finden, deren Gesang ausdauernd und motivreich ist.

Also saß der Star demonstrativ in der Nähe seines Heimes, schickte Lockrufe in die Natur, pfiff, keckerte, klapperte und manchmal – mein Frauchen ist Zeuge – miaute er sogar!

Mehr als einmal war ich auf sein Imitationstalent reingefallen, hielt Ausschau nach einem Artgenossen und stellte schließlich fest, dass der Star hoch oben im Baum mich foppte. Mit viel Lärm, Getöse und mit kräftigem Flügelschlagen lockte er die Stardamen an.

Hat er seine Auserwählte gefunden, kann die Brut beginnen. Bei der Futtersuche läuft der Star majestätisch über den Rasen, nein, er schreitet den grünen Teppich würdevoll ab. Erstaunlich, dass die Starin so wenig Wert auf Luxus und noch weniger Wert auf Ordnung und Sauberkeit legt.Oben im Baum die Starhöhle – schmuddelig, weiter unten der Eingang zum Kleiber dagegen – wie geleckt.

Familie Liederlich wohnte nun eine Etage über Familie Ordentlich. Da war zwangsläufig Stress programmiert und für mich ein spannendes Unterhaltungsprogramm garantiert.

Manchmal hatte ich die Qual der Wahl, welche Vorstellung ich zuerst besuchen sollte. Nur ein paar Schritte ums Haus nahm ich meinen Logenplatz auf der Fensterbank ein und erlebte ein völlig neues Szenario.Eichhörnchen, Amseln, Elstern, Eichelhäher tummeln sich in einem Kirschbaum und stritten lautstark um die begehrten süßen Früchte.

Über Langeweile konnte ich also nicht klagen. Dieses Wort ist uns Katzen fremd. Es existiert nur für Menschen!

Der eitle Kuckuck

Einmal, als ich gerade auf der Terrasse saß, kam ein Großstadtstar vorbeigeflogen. Er wollte sich ein paar Flügelschläge von mir entfernt auf der Kiefer niederlassen, in der unsere Starfamilie sich häuslich eingerichtet hatte. Da Stare gesellige Vögel sind, entspann sich sofort ein längeres Gespräch.

»Jahre zuvor«, so zwitscherte der Großstadtstar, »habe ich die Sommer in der Bundeshauptstadt Berlin verbracht. Doch jetzt ist es mir zu laut, zu hektisch, der Verkehr nimmt immer mehr zu, Autostaus, wohin man blickt, Baustellen ohne Ende, dazu noch die verpestete Luft. Genug Gründe, eine Bleibe im Grünen zu suchen, um endlich wieder richtig durchatmen zu können.«

Unsere Starfamilie gab freundlich zu verstehen, dass hier leider schon alle Höhlen besetzt seien, zumal auch ein Kleiber sich in diesem Jahr dazu gesellt hätte. Ermunternd fügte sie jedoch hinzu, der grüne Gürtel Berlins, die Brandenburger Wälder seien nicht weniger attraktiv, da wäre ganz sicher noch etwas Passendes zu finden.

Interessiert hatte auch ein Kuckuck diese Unterhaltung verfolgt und mischte sich ein.

»Was spricht man«, fing er an zu schreien,
»was spricht man in der Stadt von unsern Melodeien?
Was spricht man von der Nachtigall?«
»Die ganze Stadt lobt ihre Lieder.«
»Und von der Lerche?«, rief er wieder.
»Die halbe Stadt lobt ihrer Stimme Schall.«
»Und von der Amsel?«, fuhr er fort.
»Auch diese lobt man hier und dort.«
»Ich muss dich doch noch etwas fragen:
Was«, rief er, »spricht man denn von mir?«
»Das«, sprach der Star, »das weiß ich nicht zu sagen,
denn keine Seele redt von dir.«
»So will ich« fuhr er fort, »mich an dem Undank rächen
und ewig von mir selber sprechen.«

Kuckuck, Kuckuck – sprach's und flog beleidigt davon.

Diesen Vogeldialog hat der Dichter Christian Fürchtegott Gellert bestimmt wie ich den Vögeln abgelauscht und dem selbstverliebten Kuckuck gewidmet.

Wenn der eitle Kuckuck seinen Namen ruft, kann ich mir seitdem ein Schmunzeln nicht verkneifen.

Vernimmt mein Frauchen den Kuckucksruf, wird schnell die Geldbörse geholt, um sie kräftig zu schütteln.Dadurch soll immer Geld im Portemonnaie sein. Jedes Jahr das gleiche Ritual. Jedes Jahr fällt Frauchen aufs Neue auf den Kuckuck rein! Obwohl über seinen Lebenswandel fast unglaubliche Geschichten zu hören sind. Ein echter Vogelkrimi, den die Natur sich ausgedacht hat.

Es heißt, das Kuckucksweibchen entferne ein Ei aus einem Singvogelgelege und lege sekundenschnell sein Ei hinein. So habe es keine Mühe mit der Aufzucht. Angeblich hat der Kuckuck keine andere Wahl, als so zu handeln. Denn das Futter, das der Kuckucksnachwuchs braucht, könnten ihm seine leiblichen Eltern nicht bieten.

Kuckuckseltern ernähren sich von Käfern, Heuschrecken und behaarten Raupen, die ein Kuckucksjunges nicht verträgt. Das Futter der Singvögel dagegen ist für den Jungkuckuck bekömmlich. Folglich griff die Natur in die Trickkiste und betraute Singvögel mit der Aufzucht des Kuckucks.

Die Arbeit mit dem Kuckucksei hat nun ungewollt ein anderes Vogelpaar. Für diese Vogeleltern nimmt das Unglück seinen Lauf. Kaum ist der Kuckuck aus dem Ei geschlüpft, wirft er rücksichtslos alles aus dem Nest hinaus. Dafür hat Mutter Natur noch einen Trick: Sie versah das Kuckucksjunge mit einer empfindlichen Stelle am Rücken.

Von einem starken Juckreiz getrieben, befördert es seine Nahrungskonkurrenten aus dem Nest. Der Bösewicht flieht nicht. Er bleibt im Nest hocken. Die Gasteltern haben ihre liebe Not, den Kuckuck groß zu bekommen. Unermüdlich beschaffen sie Nahrung.

Sein Hunger ist riesig. Ein Nimmersatt wie er im Buche steht. Von der Futtermenge, die er vertilgt, könnte eine ganze Singvogelschar satt werden. Rotkehlchen, Heckenbraunelle, Bachstelzen, Teich- und Schilfrohrsänger, selbst der kleine Zaunkönig sind dem Kuckuck als Wirtsvögel willkommen.

Frau Kuckucks Lautäußerungen klingen manchmal wie ein Gelächter. Möglicherweise immer dann, wenn ihr wieder unbemerkt ein Coup gelungen ist.

Mehr als ein Dutzend Mal in der Brutsaison soll sie zu solch einem Manöver starten.

Was zum Kuckuck lieben die Menschen an dem Kuckuck?

Sie freuen sich, wenn er mit seinem Ruf den ersehnten Frühling verkündet.

Für mich war es ein trauriger Frühlingsanfang ohne meinen Flax

Macht es doch uns Katzen nach

Immer häufiger kommt mir zu Ohren, dass die Menschen am liebsten vor dem Fernseher hocken, am PC sitzen, stundenlang im Internet surfen. Neuerdings redet man ständig von Computersüchtigkeit! Menschen ernähren sich falsch, naschen zuviel, treiben zu wenig Sport! Kein Wunder also, dass sie dick und rund werden.

All diese Probleme habe ich nicht. Stretching-Übungen gehören zu meinem Alltag. Den Menschen scheint der Drang dazu nicht mit in die Wiege gelegt worden zu sein. Sie müssen ihren inneren Schweinehund überwinden und Fitnessstudios bevölkern. Von mir könnte solch eine Einrichtung nicht leben. Auch wären alle Fernsehprogramme überflüssig! Mein Programm läuft in der Natur. Das hat den Vorteil, ich bewege mich, atme frische, sauerstoffreiche Waldluft, abwechslungsreich ist es obendrein; dazu noch gebührenfrei, fügte mein Frauchen hinzu! Rafft euch auf, ihr Menschen, erkundet die Natur! Schon nach kürzester Zeit werdet ihr erkennen, dass es nichts Schöneres gibt.

Zugestanden – mit meinem Revier in Waldnähe gehöre ich zu den privilegierten Berliner Hauskatzen. Was mir tagtäglich vor meine Pfoten läuft, davon kann ein Stubentiger nur träumen. Er hat gewiss noch nie in seinem Leben Trauerschnäpper beobachtet, eine Blaumeise gesehen oder einen Blick in ein Amselnest werfen können.

In meinen Augen ist die Amsel ein leichtsinniger Vogel. Ich will ihr nicht zu nahe treten, aber sonderlich intelligent scheint sie nicht zu sein. Ihre Nester sind allzu oft an Stellen, die leicht zugänglich sind und nicht nur diebische Elstern zum Räubern animieren.

Unweit unseres Hauses in einer Baumschule und Gärtnerei baute eine Amsel ihr Nest in eine Zierpflanze auf einer Verkaufspalette. Also an einen Ort mit ständigem Publikumsverkehr. Das muss man sich einmal vorstellen! Ist die Amsel nun zu vertrauensselig, zu leichtsinnig oder nur dumm? Das herauszufinden überlasse ich lieber den Ornithologen.

Ihren vermutlich nicht überdurchschnittlichen Intelligenzquotienten macht die Amsel jedoch mit ihrem melodischen Gesang wieder wett! Wenn sie abends ihr Lied vom Dachfirst flötet, beglückt das auch ein Katzenherz.

Mein Lieblingsvogel zählt zu den kleinsten Vogelarten Europas. Bei meiner ersten Begegnung dachte ich, eine Maus huschte durchs Gebüsch. Ich folgte ihr. Mit einem Mal erhob sie sich. Sie hatte kleine Stummelflügel. Die »fliegende Maus« entpuppte sich als ein Zaunkönig. Wegen seiner kurzen Flügel ist er ein schlechter Flieger. Dafür hat dieser Winzling eine Wahnsinnsstimme, die bis in den letzten Winkel meines Territoriums dringt. Schmettert er seine Melodie mit Trillern und Rollern, unterbreche ich meine Tätigkeit und fange an zu träumen. Dabei ist mir eine uralte Geschichte eingefallen.

Sie bot Schriftstellern Stoff für Märchen und Erzählungen. Ihren Ursprung hat sie in einer über zweitausend Jahre alten Fabel von Äsop, erzählte Frauchen.

Mit meinen Worten wiedergegeben klingt sie so: In der Vogelwelt wollte man einst einen König wählen. Die Vögel kamen überein, dass derjenige, der am höchsten flöge, ihr zukünftiger Regent sein soll. Der Adler schwang sich siegessicher hoch in die Lüfte, ohne zu bemerken, dass er einen blinden Passagier transportierte. Als er eine schwindelerregende Höhe erreicht hatte, die anderen Vögel kaum noch seine Silhouette erkennen konnten, seine Kräfte fast am Ende waren, beschloss der Adler, zur Erde zurückzufliegen, um sich krönen zu lassen.

Just in diesem Augenblick schlüpfte der Zaunkönig unter dem Flügel hervor. Er flog noch höher, als der Adler geflogen war, und rief: »König bin ich, König bin ich, König bin ich!«

Die Vögel fanden das gar nicht witzig. Zur Strafe sperrten sie den kleinen Gernegroß in ein Mauseloch, aus dem er sich jedoch befreien konnte. Das Ende der Geschichte – die Wahl zerschlug sich.

Von nun an hatte der kleine Vogel, der gern auf Zäunen sitzt, seinen Namen – Zaunkönig! Da er kein Zugvogel, sondern ein Standvogel ist, der das ganze Jahr über bei uns bleibt, auch bei Schnee und Kälte seine Lieder trällert, wird er mancherorts »Schneekönig« genannt.

Untätig ist er im Winter nicht. Bereits in dieser Jahreszeit hält er Ausschau nach Grundstücken für seine Immobilien, um seiner Königin mehrere kunstvoll verwobene Nester anbieten zu können. Sie entscheidet dann, welches der Palast für die heranwachsenden Zaunprinzen und Prinzessinnen werden soll.

Bei solch einem Orientierungsflug muss dem Zaunkönig unser Haus aufgefallen sein. Frauchen hatte nichtsahnend Vorarbeit geleistet, indem es unseren überdachten Eingang mit einem Kugelnest aus dem Baumarkt dekorierte.

Eine Kugel, die genau den Vorstellungen des Zaunkönigs entsprach und den erwünschten Seiteneingang hatte. Da sie ihm aber zu groß erschien, baute er eine Kugel in die Kugel und fertig war sein Vorzeigenest. Das Pflanzenarrangement ringsherum traf ebenso seinen Geschmack.

Die Königin hingegen fand diesen Ort zu belebt, sie bevorzugte eine versteckt gelegene Wohnlage, um den royalen Nachwuchs ohne neugierige Fotografen aufzuziehen.

Auch seine Majestät, der König, war zu keinem Fototermin bereit. Er kommt immer unangemeldet vorbeigeflogen, um in seiner Kugel allein zu sein und zu entspannen. Obwohl es die Spatzen von den Dächern pfeifen, dass er heimliche Rendezvous haben soll und eine Neigung zur Vielweiberei. Ich jedenfalls gönne dem Zaunkönig diese Auszeit vom höfischen Zeremoniell und schweige.

Warum keine Mäuse vom Himmel fallen

Das Wetter spielte in letzter Zeit verrückt. Alle Welt spricht von Klimakatastrophe und fragt sich, wohin das noch führen soll. Der Winter ist entweder zu kalt, zu warm oder zu lang, der Frühling kommt zu spät oder gar nicht, dann ist es gleich Sommer. Der Sommer wiederum ist zu feucht und zu kühl oder zu trocken und zu heiß, zwischendurch Stürme, wie man sie in Berlin noch nie erlebt hat. Der Orkan Kyrill fegte mit so einer Geschwindigkeit über unseren Garten hinweg und knickte eine acht Meter hohe Fichte wie ein Streichholz um. Fazit – nichts ist mehr so, wie es früher einmal war. Weder in unserem Garten noch beim Wetter. Auf nichts ist mehr Verlass – auch nicht auf die vier Jahreszeiten!

Heute regnet es. Es schüttet wie aus Kannen. Später regnet es Bindfäden, dann wieder in Strömen. Ein Tag, an dem man keinen Hund auf die Straße jagen möchte und erst recht nicht uns Katzen!

Ein englischer Rundfunksender vermeldet: »It's raining cats and dogs!«Versteinert, wie vom Blitz getroffen, hörte ich diese Meldung. Ich war sprachlos, brachte nicht einmal ein klägliches »Miau« heraus.

Als ich mich gefasst hatte, ging mir durch den Kopf, dass Hunde schon Ende der 50er Jahre des vergangenen Jahrhunderts eine Reise ins Weltall angetreten hatten. Laika, eine kleine, tapfere Mischlingshündin aus Moskau, umkreiste 1957 in einem Sputnik unsere Erde. Ihr folgten Belka und Strelka, die von vierzig Mäusen begleitet wurden.

Dann erst im April 1961 startete ein Mensch, der Russe Jurij Gagarin. Katzen waren in der Sowjetunion für das Raumfahrtprogramm nicht vorgesehen. Zum Glück! Wenn ich mir vorstellte, in eine enge Kapsel gezwängt zu werden, auf Gedeih und Verderb von Menschen und der viel gepriesenen Technik abhängig zu sein, schauderte es mich und es sträubte sich mein Fell.

Den Hunden und Mäusen folgte später in der Raumfahrt die halbe Tierwelt. Die Amerikaner schickten Affen ins All, die Franzosen – es widerstrebt mir das auszusprechen – einen Kater namens Felix und das Kätzchen Madame Felicette. Ausgeschlossen wäre es also nicht, dass mal Tiere vom Himmel fallen. Aber wieso gerade jetzt in England?

Wenn es schon in London Hunde und Katzen regnen soll, wünsche ich mir für Deutschland, dass es bitte schön junge Mäuse regnen möge, zumindest in Berlin. Wir Katzen wären begeistert! Die Menschen sparten Futtergeld. Nur die Futtermittelindustrie hätte das Nachsehen, denn für sie bliebe der große Geldregen aus. Es heißt doch: »Geld regiert die Welt.« Wahrscheinlich haben die Futtermittelhersteller einen heißen Draht zum lieben Gott.

Deshalb regnet es bei uns wie gewohnt weiter. Wir müssen nach wie vor die Mäuse fangen und die Menschen müssen tief ins Portemonnaie greifen, um Katzenfutter zu kaufen.

Mäuseregen – dieser Wunsch ist und bleibt wohl ein unerfüllter Traum.

Dafür regnet es ständig »Kienäpfel« auf unser Grundstück, aber das stimmt natürlich auch nicht in Wirklichkeit, denn sie fallen vom Baum.

Einen Krötenregen gibt es wirklich, sagt mein Frauchen. So jedenfalls wird ein Naturereignis bezeichnet, das sich an feuchten Sommertagen an Teichen und Seen abspielt. Tausende kleine Kröten überschwemmen das Land. Eingeleitet wird dieses Spektakel schon im März oder April. Dann marschieren die paarungswilligen Kröten bei leichtem Nieselregen und einsetzender Dämmerung los.

Das Weibchen hat dabei eine tragende Rolle. Huckepack schleppt es das Männchen zum Laichgewässer. Zielsicher läuft es auf geheimnisvolle und rätselhafte Weise zu dem Ort, dem Teich, wo es selbst als Kaulquappe geschlüpft ist. Faszinierend! Kröten haben etwas, was man eigentlich uns Katzen zugesteht – geheimnisvoll und rätselhaft zu sein. Trotzdem – schönreden will und kann ich die Kröte nicht. Sie ist ein plumpes Tier mit einem von Warzen übersäten Körper.

Sie hat nicht einen Hauch von Eleganz, finde ich. Für mich ist sie potthässlich. Dennoch trieb mich einmal meine Neugier an, sie näher zu betrachten. Sacht tastete ich mit der Pfote nach ihr. Igitt, igittigitt!

Was war denn das? Sie sonderte etwas Abscheuliches ab. Mein Erkundungsdrang war jäh beendet. Während ich mich ekelte, zückte mein Frauchen den Fotoapparat und begeisterte sich: »Eine Erdkröte in unserem Grundstück.« Ich bekam eine Standpauke, dass ich gefälligst diesen »schützenden Hausgeist« zu respektieren hätte. Dass die Erdkröte im Mittelalter auch manchmal mit dem Teufel in Verbindung gebracht wurde, verschwieg mein Frauchen geflissentlich.

Als ich wieder einmal im Schuppen nach dem Rechten sehen wollte, saß doch in meinem Wasserautomaten dieses Vieh.

Ich war bedient, noch mehr als ich mitbekam, dass es meine Katzenklappe benutzte, dabei widerliche Spuren hinterließ, mein Trinkwasser verdreckte. So ein Tier möchte ich nicht in meinem Revier haben!

Frauchen setzte alldem noch eines obendrauf und teilte mir mit, dass ein Miniteich, der dem chinesischen Chanka-See nachgestaltet wurde, das »I-Tüpfelchen« unseres Gartens wäre und die Kröte dann dorthin wandern könnte, wenn sie wollte. Gesagt, getan!

Nun ziert ein »chinesischer Tümpel« unser kleines Paradies.Gelaicht wurde in ihm nicht. Eichelhäher, Ringeltauben und Amseln nutzen ihn als Badeanstalt. Auch ganz amüsant!

Der Krötenregen verschont also unser grünes Reich. Vielleicht erleben wir ihn im nächsten oder übernächsten Jahr. Wenn er ganz ausbleibt, noch besser, so führt mich wenigstens nichts in Versuchung!

Feng Shui zieht bei uns ein

Nachdem ich mich vom »Krötenschock« erholt hatte, konfrontierte Frauchen mich mit einer neuen Idee. Feng Shui – wer oder was das auch sein mag, sollte in Haus und Garten Einzug halten.

Feng Shui – hieße übersetzt Wind und Wasser und sei eine fernöstliche Lehre von der Harmonie. Das war auch für mich als Katze zu verstehen. Wer möchte nicht gern in Harmonie leben, mit der Familie, den Freunden, den Nachbarn, mit uns Tieren, meinetwegen auch mit der Umwelt, der Natur und unserem Garten. Bloß wie funktioniert so etwas?

Frauchen belegte einen Feng Shui-Kurs in der Volkshochschule. Aufgeregt wartete ich, mit welchen Erkenntnissen mein Frauchen heimkehrte.

»Krümel – Yin und Yang sind gegensätzliche Pole, die aber zusammen ein Ganzes ergeben. Herrscht in unserer Umgebung ein ausgewogenes Verhältnis zwischen beiden, wird auch ein positives Feng Shui auf uns wirken. Jede Existenz im Universum lässt sich nach chinesischer Auffassung entweder mehr dem Yin oder dem Yang zuordnen«, erzählte Frauchen.

Das alles kam mir nicht nur chinesisch, sondern auch ziemlich spanisch vor.

Deprimiert war ich, dass unser Haus nach Feng Shui-Regeln umgebaut werden müsste, zumindest solange mein Frauchen darin wohne und das Familienoberhaupt sei.

Bei einem anderen Besitzer ergäben sich andere Konstellationen, abhängig vom Geschlecht und vom Geburtsjahr. Auch spielten die fünf Elemente eine Rolle: Holz, Feuer, Erde, Metall und Wasser.

Frauchen sei ein Wassertyp, fast schon an der Grenze zu Holz. Dafür wäre ich – eine »Holzkatze«. Das überstieg nun endgültig meinen Katzenhorizont. Ich bin doch eindeutig aus Fleisch und Blut!

Meine Konzentrationsfähigkeit war erschöpft. Während Frauchen den langatmigen, undurchsich-

tigen Vortrag fortsetzte, überkam mich Müdigkeit. Ich nickte ein. Irgendwie – gaaanz weit entfernt – wie von einem anderen Planeten vernahm ich Frauchens Stimme: Die Einfahrt entspräche ebenfalls nicht dem Feng Shui. Ich fiel aus allen Wolken und war sofort wieder hellwach. Unsere Einfahrt führt schnurgerade am Hauseingang vorbei direkt in die Garage. Was sollte da nun verkehrt sein?

Bei der Länge des Weges von mehr als fünfzig Metern, dozierte Frauchen, käme das Chi in Schwung und verwandelte sich in Sha-Chi, schlechte Energie, die ungebremst in der Garage landete.

Abhilfe könnten Pflasterkreise schaffen, die die Energie stoppten und so gutes Chi auch ins Wohnhaus lenkten. Einen weiteren Vorteil hätte diese Veränderung. Da böse Geister nur geradeaus gehen könnten, gelangten dann die guten Geister in unser Grundstück.

In meinem Kopf drehte sich schließlich alles im Kreis. Ich begriff nichts mehr.

Ich dachte nur an Baulärm und Handwerkerstress. Waren doch gerade die Kanalisationsarbeiten beendet, die meine Nerven bis aufs äußerste strapaziert und Frauchens Geldbeutel geleert hatten. Sollte das alles von vorn beginnen? Nicht mit mir!

Jetzt war mir schon in der Bauchgegend mulmig, wenn Frauchen nach Hause kam, die nächste Hiobsbotschaft unterbreitete. Und die kam prompt!

Unser Brunnenwasser auf der Terrasse fließt in

Richtung Garten! Falsch! Das Geld rinnt davon. Man könnte es auch gleich zum Fenster hinauswerfen.

Nur wenn das Wasser in Richtung Haus plätscherte, lösten sich Geldprobleme.

Den Brunnen umzustellen, war für uns die leichteste Übung. Doch reich sind wir bis heute nicht geworden!

Im Haus wurde unnötiger Zierrat entfernt, entrümpelt, obwohl gar nicht so viel zu entrümpeln war. Frauchen wälzte Bücher, eines nach dem anderen, rückte Pflanzgefäße, stellte neue Gruppen zusammen – eine Viergruppe dürfe es nie sein, denn die Zahl vier ist für Chinesen eine Unglückszahl, weil das Wort »Vier« in ihrer Sprache ähnlich klingt wie das Wort »Tod«.

Aber wir leben doch in Deutschland. Bei uns wird die Vier mit Treue, Mut, Pflicht und Streben verbunden. Das nur denen zum Trost, die in einer Wohnung oder einem Haus mit der Nummer vier wohnen.

Ob in China die Vier ausgelassen wird? Ob der Drei gleich die Fünf folgt?

Das muss ich unbedingt herausbekommen. Leider ist bis jetzt noch keine chinesische Katze, die ich interviewen könnte, in unseren Stadtteil von Berlin gezogen.

»Krümel«, rief Frauchen plötzlich mit freudiger

Stimme, »unsere Hausnummer könnte passender nicht sein!«, und las mir folgenden Absatz vor: »Ein Haus, in dem die Schwingungen der Sieben herrschen, ist vergleichbar mit dem Leben auf einer einsamen Insel. Es wird viel Gelegenheit zur genüsslichen Ruhe und zum beschaulichen Alleinsein bieten. Ein Ort zum Studieren und Meditieren.«

Na also, endlich etwas, was zu hundert Prozent auf unser Zuhause zutrifft. Für meinen Katzengeschmack ist es die Trauminsel. Ich möchte nirgendwo anders hin! Große Veränderungen sind mir zuwider. Ich sehnte meinen normalen Alltag herbei, hatte die ständige »Umräumerei« richtig satt.

Tagelang kämpfte ich mit mir, ob ich mit meiner zweibeinigen Superkatze ein Machtwort spreche. Gerade als ich mich verständlich machen wollte, nahm sie mich auf den Arm, streichelte mich und sagte:»Stand da nicht in dem einen Buch, wenn sich die Haustiere wohlfühlen, fremde Tiere gern zu Besuch kommen, die Pflanzen prächtig gedeihen, dann stimmt der Energiefluss, das Chi. Du fühlst dich doch wohl, Krümel? Wildtiere sind auch genug im Revier, ich lebe sowieso gern hier; also ist alles in bester Ordnung!

Sollten wir einmal im Lotto gewinnen, wird ein richtiger Feng Shui-Meister ins Haus bestellt. Dann werden wir weitersehen.«

Ich atmete auf!

Gott sei Dank ist dieses Kapitel abgeschlossen und kein Thema mehr!

Da wir beide kein Lotto spielen, wird es auch so bleiben.

Ein Poltergeist geht um

Laut Kalender war noch immer Sommer, jedoch in der Natur roch es schon stark nach Herbst. Der Kuckuck hatte sich bereits verabschiedet und seinen Langstreckenflug nach Mittelafrika angetreten. Bald werden Wildgänseformationen unser Haus überfliegen, dann weiß ich, es ist höchste Zeit für mein Frauchen, den Garten, wie die Menschen sagen, »winterfest« zu machen.

Noch konnte ich auf der Fensterbank ein wärmendes Sonnenbad nehmen, ein bisschen meditieren, als es im Schuppen laut polterte. Nach ein paar Streck- und Dehnübungen lief ich zum Schuppen.

Verwundert stellte ich fest, dass meine Katzenklappe ausgehakt war. Intensiv beschnupperte ich sie von allen Seiten, um herauszubekommen, wer das gewesen sein könnte. Ich ging alle Düfte in meinem Gedächtnis durch. Gerüche von Mardern, Eichhörnchen, wildlebenden Katern, Hunden, Füchsen. Fehlanzeige. Diese Geruchsnote war nicht dabei. Sie war mir vollkommen fremd.

Vorsichtshalber plusterte ich mich auf, machte

mich ein paar Nummern größer. Im Schuppen bot sich mir ein Bild der Verwüstung. Ein Regal war heruntergerissen. Die Pflanzgefäße lagen zerbrochen am Boden. Kröte und Igel, das stand für mich felsenfest, konnten keinesfalls alles so durcheinandergebracht haben. Sie schieden wegen ihrer Kleinheit bei der Tätersuche aus. Wildschwein und Reh waren zu groß, um durch die Katzenklappe zu schlüpfen. Spukt etwa ein Geist? Mir war nicht ganz geheuer. Ich fand alles unheimlich – nahezu gespenstisch!

Auf leisen Sohlen wollte ich mich davonschleichen, als Frauchen dazu kam.

»Wie sieht es denn hier aus? Hat Kater Mikesch dich gejagt? Der Futterautomat ist völlig leer. Ich hatte ihn erst heute früh gefüllt. Ein Kilogramm Trockenfutter kannst du doch nicht gefressen haben? Krümel, ich vermute, ein Waschbär war in unserem Schuppen! Vor einiger Zeit erzählten Nachbarn, dass nur ein paar Straßen weiter zwei junge Waschbären im Kirschbaum saßen, Sauerkirschen ernteten. Ein dritter versuchte, das Wohnhaus durch ein offen stehendes Dachfenster zu erkunden. Ende des Zweiten Weltkrieges sollen ihre Vorfahren aus einer Pelztierfarm in Wolfshagen, ungefähr zwanzig Kilometer von hier entfernt, entkommen sein. Da sie keine natürlichen Feinde haben, konnten sie sich gut vermehren. Eigentlich stammen sie aus Nordamerika. Inzwischen sind sie auch bei uns heimisch, gehören zu unserer Fauna.«

Schlagartig erinnerte ich mich an meinen verstorbenen Freund Flax, den Naturburschen. Er hatte immer behauptet, in den Wäldern Brandenburgs tummelten sich Kleinbären.

Er selbst hatte zwar nie einen mit eigenen Augen gesehen, nur bei der Katzenversammlung davon erfahren. Ein streunender Haudegen hatte dort geprahlt, dass er schon Waschbären begegnet sei und geschwärmt, was für exzellente Kletterkünstler sie seien und dass Waschbären genau wie Eichhörnchen kopfüber die Bäume hinunter kletterten.

Auch ihr Aussehen hatte es ihm angetan; besonders die schwarze Maske im Gesicht und der modisch geringelte Schweif. Flax hatte seinerzeit mir gegenüber leicht verlegen gestanden, er sei fast ein bisschen neidisch gewesen auf die Abenteuer des Streuners. Zum ersten Mal sei auch bei diesem Katzentreffen ein weitgereister Waldkater zugegen gewesen. Er meldete sich zu Wort. Er komme aus Norwegen, habe viele Jahre im Hessenland gelebt. Jetzt sei er ein »Neuberliner«. Ihm wären die Waschbären nicht unbekannt. Die Kasseler Gegend gälte als Hochburg dieser Tiere. Manche bezeichneten sie gar als die heimliche »Waschbären-Hauptstadt« Europas. Da hätte Berlin einiges aufzuholen.

Gebannt lauschten alle Katzen seinen Ausführungen. Mucksmäuschenstill sei es gewesen. Man hätte eine Stecknadel fallen hören, versicherte damals Flax. Allerdings, räumte Flax ein, er hätte in dem einen und anderen Katzengesicht Skepsis erkennen können, ob man diesem überaus gepflegten, gut aussehenden Norwegischen Waldkater überhaupt trauen könne. Vielleicht wollte dieser »Glitzerhalsbandträger« nur aufschneiden, bewundert werden, im Mittelpunkt stehen.

Insgeheim nahm auch ich an, mein Flax will mir einen Bären aufbinden! Trotzdem gefiel es mir sehr, wenn er seine angeblichen Erlebnisse schilderte. Mit großem Vergnügen hörte ich ihm zu. Überprüfen wollte ich die Geschichten nicht, denn ich liebte meine häusliche Gemütlichkeit, zog sie dem Erkundungsdrang vor.

Nun war sogar ich überzeugt, die Waschbären haben unser Grundstück entdeckt. Sie erobern Berlin!

Irgendwann wird es mir gelingen, so einen maskierten Strolch zu sehen.

Ich musste nicht lange warten. Am nächsten Tag kam er in den frühen Abendstunden angepoltert, rein in den Schuppen, aber welch eine Enttäuschung für ihn, der Futterautomat war leer. Nunmehr lief er zur Terrasse.

Es hatte den Anschein, dass er für sein Leben gern unseren Brunnen aus der Nähe betrachtet hätte. Doch der Blitz von Frauchens Fotoapparat irritierte ihn. Daraufhin trollte er sich und zog von dannen.

Mein lieber Flax hoch oben über den Wolken, ich hoffe, du hast vom Himmel aus zugeschaut. Es tut mir leid, dass ich dich für einen liebenswerten Spinner gehalten habe. Verzeih mir! Für eine Entschuldigung ist es nie zu spät! Auch nicht, wenn sie posthum gen Himmel geschickt wird! Noch etwas, lieber Flax. Ich vermisse dich sehr. Liebend gern teilte ich meinen Thron mit dir.

Jedes Mal, wenn ein Kater durch unser Gelände streift, schaut Frauchen mich eindringlich an. Ich spüre förmlich am ganzen Körper bis in meine Schwanzspitze die Frage: »Na, Krümel, wäre er vielleicht ein neuer Prinz?«

Dann gebe ich unmissverständlich zu verstehen: Was auch immer kommen mag. Ich bin und bleibe zukünftig alleinige Herrscherin in meinem Reich.

Zu guter Letzt – die Krönung meines Katzenlebens

Der Winter hat die Natur noch fest im Griff. Der Boden ist nach wie vor tief gefroren und zu kalt für meine Pfoten. Ich verzichte auf den sonntäglichen Nachmittagsspaziergang im Freien und mache es mir auf dem Sofa bequem. Warum Frauchen zu diesem Zeitpunkt den Fernsehapparat einschaltet, bleibt ein Geheimnis. Im MDR läuft die Glückwunschsendung »Alles Gute«. Leise schnurrend blinzele ich notgedrungen auf die Flimmerkiste. Eine liebenswerte, mit einer für Katzenohren sehr wohlklingenden Stimme ausgestattete Moderatorin – Petra Kusch-Lück – begrüßt einen Gast im Studio. Mich trifft der Schlag. Ich sehe mein Frauchen. Aber Frauchen sitzt schweigend neben mir.

Gebannt starre ich mit beiden Augen auf den Fernseher. Bin ich im Reich der Träume? Unglaublich! Da ist auch eine Katze, die mir bis aufs Haar gleicht. Habe ich noch eine Schwester, von der ich nichts weiß. Fasziniert schaue ich einmal, zweimal, dreimal; dann allerdings erscheint mir die Katze auf dem Bildschirm viel schöner als ich. Eben für einen Auftritt zurechtgekämmt und wirkungsvoll ins Licht gesetzt. Begeistert bin ich schon von dieser Artgenossin.

»Siehst du, Krümel«, flüstert Frauchen, »jetzt bist du auch ein Fernsehstar wie alle meine Tiere vor dir. Wie Blackydame, die Spitzmischlingshündin, und der schwarzweiße Kittykater aus der Sendung ›Du und Dein Haustier‹ und dein geliebter Freddy, der dich im Haus aufgenommen hat.«

Fassungslos vernehme ich diese Worte. Ich, Krümel, eine ausgesetzte Katze, eine heruntergekommene Prinzessin aus dem Löwengeschlecht, bin ein Fernsehstar. Ein Märchen, das nie zu Ende gehen möge.

PS: Die nette Redakteurin, die uns zu Hause besucht hat, möchte ich um Vergebung bitten, weil ich sie nicht eines Blickes gewürdigt habe. Immerhin bin ich während ihrer Anwesenheit auf meinem Platz liegen geblieben und nicht davongerannt.

Dieses Glück war dem Fotografen der Zeitschrift »SUPERillu« nicht beschieden. Mit ihm spielte ich so lange Verstecken, bis er entnervt aufgab. Dann hatte er endlich begriffen, dass man uns Katzen zu nichts, zu absolut gar nichts überreden kann.

So sind wir Katzen eben! Miau!

Leseprobe aus dem Buch von Martina Magyari:
Auf Samtpfoten mitten ins Herz

Im Dunkel der Nacht

Vom Fluss her kam der Nebel, schleierte über die Uferböschung und verfremdete die Landschaft. Nichts sah mehr aus wie im hellen Januarlicht. Die Häuser jenseits des Ufers hoben sich wie Scherenschnitte in die feuchtkalte Nacht.

Etwas Schwarzes, Winziges, Feuchtglänzendes lag an der Uferböschung. Wäre da nicht der Hauch eines Lautes, eines hilflosen Seufzers gewesen, der Mann, der von der Schicht nach Hause radelte, am Ufer entlang, um abzukürzen, hätte das schwarze winzige Bündel beinahe überfahren. Er hielt an, stieg vom Rad und beugte sich im Licht seines Radscheinwerfers über das dunkle Etwas. Er sah feines, nasses Fell, ein zartes Köpfchen, winzige Pfoten.

Vorsichtig hob der Mann das Bündel auf. Ein leises, feines Fiepen, kaum hörbar. »Ein Katzenbaby«, sagte der Mann in die Nacht hinein.

Kalt und nass lag es in seiner großen Hand, öffnete mühsam die Augen und sah ihn an, mit Augen, die bernsteinfarben waren.

»Du bist ja mehr tot als lebendig«, fuhr der Mann

in seinem Selbstgespräch fort. Er lehnte das Rad an die Böschung, zog seinen Wollschal aus der warmen Jacke und wickelte das vor Kälte und Nässe zitternde Bündel darin ein. So ein winziges Katzenbaby konnte nicht allein hierher gelangt sein. Irgendetwas Schreckliches musste ihm geschehen sein. Und tief in seinem Herzen wusste der Mann, was es war. Irgendein herzloser Mensch hatte das Katzenbaby auf seine Art »entsorgen« wollen, indem er es in den Fluss geworfen hatte. Vielleicht hatten seine Katzengeschwister das gleiche Schicksal erfahren, und nur dieses eine hier mit dem schneeweißen Ring um seine rechte Pfote, der wie ein Armreif aussah, hatte sich ans Ufer retten können.

Der Mann schob das in den Schal gewickelte Bündel in seine Jacke, zog den Reißverschluss zu und stieg wieder auf sein Rad.

»Für diese Nacht wirst du bei mir bleiben«, murmelte der Mann. »Dann werden wir weitersehen.«

Während er weiterradelte, gab das Katzenkind in seiner Jacke keinen Laut von sich. Einen Augenblick glaubte er, sein kleines Herz habe aufgehört zu schlagen.

Zu Hause angelangt, stellte er sein Rad ab und schloss die Tür auf. Mit dem Katzenkind stieg er die Treppe zu seiner Wohnung hinauf. In der Wohnung war es warm. Der Mann zog seine Jacke aus, wickelte das Katzenkind aus und legte es behutsam in den großen weichen Sessel neben der Heizung.

Dann kochte er Milch, verdünnte sie mit Wasser, ließ alles abkühlen und versuchte, dem verfrorenen, halbverhungerten schwachen Katzenbaby mit einem Teelöffel die Flüssigkeit einzuflößen. Es gelang ihm erst nach mehreren Versuchen. Das kleine Tier war zu schwach zum Schlucken.

Dann breitete er eine Wolldecke in seinem Bett aus und legte das Katzenkind in die warme Höhle, deckte es zu. Die Katze rührte sich nicht. Sie hatte die Augen geschlossen und lag bewegungslos da.

Der Mann legte sich vorsichtig neben das Tier und bewachte seinen Schlaf. Als Junge hatte er einmal eine Katze gehabt. Daran dachte er jetzt. Aber das war lange her. Er konnte die Katze nicht behalten. Seine Frau Gabriele, die bei ihrer Schwester zu Besuch war, hatte Asthma und eine Katzenallergie.

Schade, dachte der Mann. Ich hätte dich so gern behalten und großgezogen. Eine tiefe Wärme war in ihm, als er das hilflose schwarze Katzenbaby, das er in der kalten Nebelnacht gefunden hatte, in seinem Bett liegen sah. Der Mann empfand seltene Zärtlichkeit für das fremde Katzenkind, das dem Tod so nahe gewesen war.

Er hielt seinen inneren Dialog mit der Katze. »Wir beide werden jetzt ein paar Stunden schlafen. Morgen früh bringe ich dich dann ins Tierheim, denn die wissen dort, wie man mit so etwas Winzigem, wie du es bist, umgeht«, sagte der Mann. »Glaub mir, es fällt mir schwer, dich dorthin zu bringen. Aber wenn du größer geworden bist, so ein richtiges Katzenkind, das auf seinen eigenen vier Pfoten seinen Weg gehen kann, dann wirst du sicher eines Tages ein gutes Zuhause finden, schön, wie du jetzt schon bist, obwohl du ja noch weniger als eine halbe Katze bist.« Der Mann lachte in sich hinein.

Als er Stunden später aufwachte, lag eine winzige schwarze Pfote auf seinem Arm. Das Katzenbaby hatte die Augen geöffnet und blickte ihn ruhig an. Der Mann beugte sich herunter und hauchte einen Kuss auf das winzige Köpfchen zwischen die beiden spitzen Ohren.

Der Nebel der Nacht war wie ein Spuk verweht. Das kalte eisige Auge der Wintersonne schimmerte durch das Fenster.

Der Mann blickte in die klaren, bernsteinfarbenen Augen des Katzenbabys. »Willkommen im Leben«, sagte er und sah, wie die Wintersonne in einem hellen Strahlenkranz zerfloss.

Menschenwärme

Das Tierheim lag genau an der Grenze zwischen Deutschland und Frankreich, malerisch umgeben von einer hügeligen Landschaft. Bucklige Wiesen mit bunten Streublumen, wildem Buschwerk und hohen Laubbäumen erstreckten sich weit bis zum Zaun jenseits der Straße. Es gab ein großes gemütliches Hundehaus, Freilaufgelände und Winterhäuser für viele Arten von Tieren, Vogelvolieren, Enteneteiche und eine Eulen- und Igelstation.

Am weitläufigsten und schönsten war das Katzendorf mit seinen flach gestreckten Gebäuden in T-Form, dem Festhaus mit den voneinander abgetrennten kleinen Gehegen für die Katzen, den großen mit Maschendrahtzaun umgrenzten »Einzelapartments« für die Pensions- und Feriengäste und einer umzäunten hügeligen Wiesenlandschaft, in der die Katzen sich austoben konnten.

An diesem Morgen Ende Januar kam der Mann mit dem Findelkatzenkind in dieses Tierheim. »Der Abschied fällt mir schwer von dir, du kleines Zauberwesen«, sagte er zärtlich.

»Aber es muss sein. Das Leben ist hart. Das hast du ja schon zu Beginn deines Erdendaseins erfahren müssen.«

Anna, die junge Pflegerin, empfing den Mann. »Wen haben wir denn da?«, fragte sie und nahm das Katzenkind in ihre warmen Hände. »So wie du aussiehst, muss ich dich wohl erst mit der Flasche großziehen.«

Der Mann erklärte ihr die Umstände, wie er das Katzenbaby gefunden hatte.

»Einfach weggeworfen«, sagte Anna traurig.

»Ich würde die Katze gern behalten«, sagte der Mann. »Aber es geht leider nicht wegen meiner kranken Frau.«

Anna blickte den Mann an. »Ich werde mich persönlich um dieses kleine Wesen kümmern«, versprach sie. »Es wird es hier gut haben. Und eines Tages wird es hoffentlich ein eigenes gutes Zuhause finden. Ich habe schon drei kleine Katzen in meiner Wohnung aufgenommen, die ich auch behalten werde. Aber mehr geht leider nicht.«

Der Mann strich noch einmal über das seidenweiche Fell des Findlings.

»Wie soll der Kater heißen?«, fragte Anna, die längst bemerkt hatte, dass der Winzling ein »Er« war.

»Sie haben das Baby schließlich gefunden.«

Der Mann überlegte einen Moment. »Minkus«, sagte er. »Er soll Minkus heißen.« Der Name war ihm spontan eingefallen.

Anna holte ein Formular aus der Schreibtischschublade und schrieb Minkus in den ersten Katzenpass des Findelkindes hinein.

»Bin ich jetzt so etwas wie ein Pate für Minkus?«, fragte der Mann lächelnd.

»Könnte man so sagen«, entgegnete Anna.

»Gut.« Der Mann griff in seine Brieftasche und legte einen Geldschein auf den Tisch. »Hier, mein erstes Patengeschenk für Minkus«, sagte er.

Anna bedankte sich. »Ich werde Minkus Spezialnahrung dafür kaufen«, versprach sie.

Als Geburtsdatum schrieb Anna »Wahrscheinlich zweite Januarhälfte« in den Pass.

»Darf ich mein Patenkind besuchen, solange er noch im Heim ist?«, fragte der Mann.

»Aber sicher. Kommen Sie, so oft Sie wollen«, entgegnete die junge Pflegerin.

Die Traurigkeit des Mannes verflog etwas. Er würde das Katzenbaby also wiedersehen. Noch einmal streichelte er Minkus, bevor er davonging.

In den nächsten Stunden und Tagen kümmerte sich Anna vorbildlich um Minkus. Da er noch sehr schwach war, wurde er alle zwei Stunden mit der Flasche gefüttert, in der eine Spezialnahrung für Katzenbabys war. Anna nahm ihn nach Dienstschluss mit nach Hause, und Minkus schlief in ihrem Arm ein, während die anderen drei Katzen es sich an Annas Fußende gemütlich machten.

Dank Annas Fürsorge wuchs Minkus schnell heran, erholte sich von den Strapazen seines Lebensanfangs. Manchmal sprach Anna mit ihm, mit einer ruhigen Singsangstimme. »Du hast keine Katzenmutter gehabt, die dir das Wichtigste für das Leben beibringen konnte«, sagte Anna zu Minkus. »Deshalb musst du mich eben als Mutter annehmen.«

Minkus sah sie an, als würde er alles verstehen. Er kannte ihren Geruch, lernte auf die Geräusche in seiner Umgebung zu horchen, fühlte sich geborgen, weil Anna Tag und Nacht bei ihm war. Tagsüber schlief Minkus meistens in einem Körbchen in Annas Büro. Minkus war sehr klug und lernte schnell.

Und eines Tages war es so weit …

Im Katzendorf

»Du musst jetzt auf deinen eigenen vier Pfoten stehen«, sagte Anna streng zu Minkus.

Es war ein Tag Anfang März. Ein milder Wind wehte über das Katzendorf. Schneeglöckchen, Krokusse, Buschwindröschen und Gänseblümchen hatten sich in der warmen Märzsonne aus der Erde hervorgewagt.

Zunächst trug Anna Minkus ins Katzenhaus, wo sie ihn in ein spitzgiebeliges Häuschen aus Holz gleich hinter der Tür zum Wiesengelände setzte. »Das ist jetzt dein Schlafplatz, wenn du dich zurückziehen willst«, sagte sie zu Minkus.

Minkus machte ein paar vorsichtige Schritte in das Halbdunkel und schnupperte ausgiebig. Es duftete nach etwas wie ihm selbst. Schließlich hatten schon andere Katzenkinder hier gewohnt. Aber es roch auch nach Holz und Wolle. Eine weiche Wolldecke war seine Schlafdecke. Minkus schnupperte sich durch alle Winkel, legte sich probeweise auf die Decke und kam dann leise miauend heraus. Er wollte nicht allein sein. Er wollte in die warme wohlige Wärme von Anna. Die fremde Umgebung machte ihm Angst.

Anna zeigte Minkus die Gemeinschaftstoilette.

»Das musst du jetzt als Erstes lernen«, sagte sie. Sie setzte Minkus in die Katzenstreu und wartete.

Minkus brauchte gar nicht erst zu lernen. Er hatte sofort begriffen, ließ einen winzigen Strahl in die Streu, scharrte dann mit der rechten Pfote, an der er das von der Natur gegebene weiße Armband trug, und sah Anna stolz an. Sein Blick sagte: »Habe ich das nicht gut gemacht?« Obwohl er ja noch nie auf einer Gemeinschaftstoilette gewesen war. Bei Anna hatte jede Katze ein eigenes Klo gehabt, auch Minkus. Anna nahm Minkus auf den Arm und streichelte ihn.

»Gut, Kleiner«, sagte sie. »Ich wusste ja, du bist besonders intelligent. Du lernst alles sehr schnell.«

Minkus begann leise zu schnurren.

Auf Annas Arm ging es jetzt hinaus ins Wiesengelände. Die Katzen konnten durch die Katzenklappen hinaus. Aber Minkus musste sich erst in freier Wildbahn zwischen den anderen Katzen zurechtfinden. Hier im Wiesengelände ging es an diesem Morgen hoch her. Es war, als habe die wärmende Märzsonne die Katzen außer Rand und Band gebracht. Durch die hohen Grashalme spitzten Katzenohren. Es gab Katzen aller Couleur, gestromte, weiße, Tigerkatzen, gefleckte, rote, graue in allen Größen und jeglichen Alters, die wild im Wiesengelände herumtobten oder erstarrt wie göttliche Sphinxe vor einem Wiesenloch hockten, um das Gras wachsen zu hören. Aber sie hörten ganz etwas anderes, das Rascheln und Fiepen der Feldmäuse, auf die sie lauerten, königlich, geduldig, aristokratisch.

»So, Kleiner, misch dich unters Volk«, sagte Anna, gab ihm einen leichten Klaps auf sein Hinterteil und setzte ihn mitten auf die Wiese.

Dann ging Anna davon.

Minkus jammerte hilflos, wollte hinter Anna her. Aber die Tür zum Gehege war schon zugefallen, und das mit der Katzenklappe musste Minkus noch lernen. Er fühlte sich ausgesetzt von dem liebsten Wesen, das er kannte. Miauend saß er geduckt da, es klang so, als ob er sein hartes Los beklagen wollte.

Anna war davongegangen, ohne sich noch einmal nach Minkus umgesehen zu haben.

Minkus verstand die Welt nicht mehr. Empört richtete er sich jetzt auf. Er war hochbeinig und schlank, hatte ein spitzes kluges Gesichtchen, feine Ohren und einen klugen Blick. Etwas schaute ihn aus grauen Augen an. Eine große gestromte Katze saß dicht vor ihm. Eine wahre Katzenschönheit. Verächtlich blickte sie auf den kleinen Jammerlappen im Gras herab. Dann drehte sie sich um und schritt königlich davon.

Minkus' Miauen war verstummt. Es war ihm unangenehm, dass ausgerechnet diese Katzenschönheit, eine Katzendame von Welt, ihn in einem solchen Jammerzustand erlebt hatte.

Auch Minkus richtete sich jetzt noch mehr auf. Er schnupperte an einer blauen Glockenblume, machte dann einige Schritte vorwärts und geriet mitten in eine wilde Rauferei von fünf großen Katzenrabauken, die um eine erbeutete Maus stritten. Wie die schlimmsten Gegner keiften sie untereinander, sprangen sich gegenseitig an, verbissen sich, bis auf einmal alles wie ein Spuk zu Ende war und sie in alle Winde davonstoben.

Ein besonders übler, straßenstreunererfahrener Bursche fixierte Minkus genau, der schüchtern dastand. In seinem linken Ohr hatte er eine tiefe Kerbe, sicher von einem Straßenkampf. Denn dass er ein Streuner war, in Straßenkämpfen geübt, sah man seiner mageren langen Figur an, dem fahlen Fell. Dieser zähe Bursche musste auf der Straße zu Hause gewesen sein, bevor er im Katzendorf gelandet war.

Langsam kam er jetzt auf Minkus zu, bleckte sein Maul und zeigte lange, gelbe Zähne. Er stieß ein furchterregendes Fauchen aus. Diesem kleinen Neuen, einem offensichtlichen Hasenfuß, wollte er zeigen, wer das Sagen hat. Minkus wich zurück, besann sich dann aber auf seine angeborene Katerwürde und blieb fest auf seinen dünnen, langen Beinen vor dem Streuner stehen.

Als der Streuner noch einen Schritt an Minkus herankam, wuchs der Kleine über sich selbst hinaus. Vielleicht war es die Katzengöttin Bastet, die ihm die richtige Eingebung gab.

Minkus riss sein kleines Maul ebenfalls auf und stieß ein lautes Fauchen aus. Das war er seiner Katerehre schuldig.

Der Rabauke schien überrascht zu sein und fixierte Minkus aus seinen misstrauischen Augen.

Minkus fixierte zurück. So standen sie sich eine Weile reglos gegenüber und versuchten, sich gegenseitig Respekt zu verschaffen.

»Ffff«, fauchte der Große wieder.

Minkus wich ein wenig zurück, aber wankte nicht.

»Fff«, machte Minkus. Und ehe der Große sich versah, hatte Minkus ihm mit der rechten Pfote mit dem weißen Armband eins über den Kopf gefegt.

Der Rabauke war für einen Moment sprachlos. Dann holte er weit aus, um zurückzuschlagen. Aber in dieser Sekunde entdeckte Minkus seine Stärke. Er erkannte seine Schnelligkeit und lief in Windeseile davon, schlüpfte durch die Katzenklappe, die er instinktiv fand, und fegte zielsicher in sein Katzenhaus. Hier verkroch er sich im hintersten Winkel, legte die Pfote vor Aufregung über sein Gesicht und fühlte sich doch so etwas wie ein Sieger. Er wollte keine weiteren Katzenhändel. Zugegeben, er war ein Sieger, der die Flucht ergriffen hatte. Aber eine offene Niederlage hatte er nicht erlitten, die bei weiteren Scharmützeln mit dem Streuner vorprogrammiert gewesen wäre.

Im Katzenhaus fand ihn schließlich Anna. Vor Erschöpfung von diesem ersten Ausflug war Minkus eingeschlafen. Anna betrachtete ihn lange. Mein Baby, dachte sie zärtlich. Es fällt mir schwer, dich eines Tages loslassen zu müssen. Aber Mütter müssen loslassen können. Ich ahne es, du wirst bald ein richtiges Zuhause finden.

Zur Futterzeit mischte sich Minkus unter das Rudel, das wie besessen an die große runde Futterschüssel stürzte. Minkus machte seine zweite Erfahrung an diesem Tag. Und wieder half ihm seine unglaubliche Flinkheit. Die Großen drängten ihn, den Kleinsten, von der Schüssel weg, stürzten sich gierig auf das Futter. Aber Minkus kämpfte um sein Essen. Immer wieder schlängelte er sich zwischen den Katzenleibern hindurch, war schneller als die anderen und holte sich Bissen für Bissen von der Meute fort. Um jeden einzelnen Happen musste er sich vorwagen. Er wurde nicht satt bei diesem ersten Gemeinschaftsessen. Aber er würde mit seiner Schnelligkeit immer wieder Wege finden, um dennoch nicht zu verhungern.

An diesem Abend schlief Minkus unruhig in seinem Haus. Anna hatte noch einmal nach ihm gesehen, bevor sie nach Hause gegangen war.

Es war Minkus, als schlichen nachts einige große Katzen um sein Haus, schnupperten herein und schlichen dann wieder davon. Aber das konnte er auch nur geträumt haben.

Denn Minkus hatte viele Katzenträume, und einer dieser Träume führte ihn davon …

Minkus auf Vogeljagd

Der Sommer hatte sich verabschiedet, und der Herbst verwandelte die Natur und malte alles in flammenden Farben. Minkus hatte die Sommertage oft oben auf dem Spitzdach verbracht, wo er wie der König der Kater neben dem Schornstein thronte, hoheitsvoll auf alles Niedere herabblickte und in den blauen Himmel emporschaute. Durch das Fenster gelangte er in einem einzigen eleganten Sprung aufs Dach.

Der Wind strich durch sein schwarzes Seidenhaar, er hatte sich zum schönsten Jungkater, den man sich denken konnte, entwickelt. Lang und schlank, hochbeinig, mit stolzem Tänzergang und wachsamem Blick hatte er seine Umgebung erobert.

War ihm das Tageslicht zu hell, zog er sich in seine Kleiderschrank-Dunkelkammer zurück, oder er schlief im Abstellraum auf der kühlen Kartoffelkiste. Manchmal streckte er sich auch auf Julias Schreibtisch lang aus, der nach Eichenwald duftete.

Das spitze Dach war seine Sommerresidenz in Ermangelung anderer Freilufträume. Er hatte sie als alleiniger Herrscher inne, wenn man von den flatterhaften Vögeln absah, die sowieso nie lange irgendwo blieben. Saß er schwarz und reglos neben dem Schornstein, machten sie einen weiten Bogen um ihn. Instinktiv ahnten sie, dass Minkus ein Vogelhasser war, der keinen Federspaß verstand.

Heute Morgen war ein stürmischer Herbsttag angebrochen. Der Wind wehte kühl vom Hochwald her, und Minkus saß jetzt hinter Glas auf seinem Dachfensterhochstand, um mit den Augen auf Vogeljagd zu gehen. Julia war in der Redaktion, und Minkus machte sein eigenes Programm. Als geborener Entertainer war es ihm nie langweilig.

Heute interessierten ihn die Vögel, die sich für den großen Flug in den Süden zu formieren begannen.

Reglos, ein einsamer Jäger, verharrte er auf der Fensterbank neben dem Grastopf, den Julia für ihn als Stubenkater gepflanzt hatte, damit er Grünes abknabbern konnte. Das war für die Verdauung notwendig.

Die Bäume auf der Wiese hatten ihr buntes Kleid angezogen. Verwegen flatterten die vielfarbenen Blätter im Wind. Im Sommer diente das Blattwerk oft als kurzfristige Sommerherberge für die Singvögelzwitscherlinge.

In der Frühe, wenn der erste Vogel den Tag ansang, stürmte Minkus aufs Fensterbrett und hörte und sah den Vögeln zu, die wild vor Lebensfreude sich von Ast zu Ast schwangen. Sie brachten ihn jedes Mal in Rage. Julia hätte zu ihm gesagt: »Minkus, du bist nur neidisch, weil sie fliegen können und du nicht.«

Er ließ die Morgensänger nicht aus den Augen, fixierte sie wie ein Hypnotiseur, folgte ihrem Flug in den aufblätternden Morgenhimmel. Minkus, der Jäger hinter Glas. Das war sein wunder Punkt.

Mit seiner Schwanzspitze trommelte er zum Halali, alle schien er sie in Gedanken zu erlegen.

Jetzt, im Herbst, war es stiller geworden, einige der Vögel hatten bereits die weite Reise angetreten. Die frechen Krähen trieben sich vorwiegend auf den Feldern herum.

Minkus' Ziel war an diesem Morgen die Fernsehantenne, der Landeplatz der dicken Tauben, die von irgendwoher kamen und nach irgendwohin flogen. Die trägen Tauben sahen Minkus von oben herab hämisch an. Minkus blickte zurück. Auge um Auge. Flügelknattern gegen Katzensprung. Das wär's gewesen, wenn nicht die Trennscheibe da wäre. Aber im Herbstwind ließ Julia alle Fenster zu.

Es waren fünf fette Tauben, die sich auf der Fernsehantenne breitgemacht hatten. »Siehst du, du schwarzes Monster, uns kannst du nichts anhaben in deiner Klausur, uns trennen Welten«, schienen sie zu spotten.

Eine dicke, lilagrau gefiederte Taube zeigte ihm ihre Schadenfreude mit einem Klecks aus ihrem Hinterteil, der auf der blanken Fensterscheibe landete und dem einsamen Jäger kurz die Sicht trübte.

Minkus, der König der Kater, zeigte seinerseits seine tiefe Missachtung, indem er sie keines Blickes mehr würdigte, sondern ins bunte Laubwerk starrte, als hielte sich dort eine Vogelschar aus besseren

Kreisen auf, weit gereist und mit Niveau, die die Fantasie eines Jägerkaters anders anregen konnte als die plumpen Knattertauben.

Minkus, ein Jäger auf verlorenem Posten, aber ein Abbild der Beharrlichkeit. Heute Nacht würde er von ihnen träumen. Er würde sie alle fangen, um sie Julia im trauten Bettgeflüster in die schlafenden Arme zu legen, samtweich, Beute als Dank für ihre Liebe – so weit wie der Himmel …

Die Abenteuer von Kater Minkus

Ein Buch, das zum Träumen einlädt und nicht nur die Seelen aller Katzenliebhaber berührt.

Als kleinster Kater zwischen einer Meute großer Katzen wird Minkus von Julia aus dem Tierheim geholt. Nichts trübt das Katerleben. Da gerät er aus Versehen zwischen Kisten und Kartons in einen Umzugswagen und reist als blinder Passagier nach Lissabon. Für den samtpfotigen Hausfreund beginnt eine Odysse voller Höhen und Tiefen.

Wie der verwöhnte Stubenkater Minkus nach vielen Abenteuern endlich wieder den Weg nach Hause zu seinem geliebten Menschen Julia zurückfindet, ist eine ganz besondere Geschichte.

Martina Magyari
Auf Samtpfoten mitten ins Herz

192 Seiten, ISBN 978-3-7844-3177-2

Langen*Müller*   www.langen-mueller-verlag.de